Anonymus

Reise in die mittäglichen Provinzen von Frankreich

im Jahr 1785 bis 1786

Anonymus

Reise in die mittäglichen Provinzen von Frankreich
im Jahr 1785 bis 1786

ISBN/EAN: 9783743327672

Hergestellt in Europa, USA, Kanada, Australien, Japan

Cover: Foto ©ninafisch / pixelio.de

Manufactured and distributed by brebook publishing software
(www.brebook.com)

Anonymus

Reise in die mittäglichen Provinzen von Frankreich

Reise

in die

mittäglichen Provinzen von Frankreich

im Jahr 1785 bis 1786.

Zehnter Theil.

Leipzig,

bey G. J. Göschen, 1805.

Reise

in

die mittäglichen Provinzen

von Frankreich.

Zehnter Theil.

A

A g d e.

„Wie hoch kommt Ihnen die Berline. zu ſtehen?" fragte mich der
Poſtmeiſter in Montpellier zu ſeinem
Fenſter heraus, als ich eben abfah-
ren wollte. — „Ach — das —"
antwortete ich — „kann ich erſt
dann berechnen, wenn ſie mich an
unſern gemeinſchaftlichen Geburtsort gebracht haben wird." „Wie?"
— fing er meine Worte auf, —
„ſo wäre der Herr, wenn ich recht

A 2

ist gewiß für unsere Bemerkungen verloren. Dies war der Fall wenigstens bei mir. Ich gab über meinen braven Sattler, weder auf den Weg, der vor mir lag, noch auf die Eigenheiten der Landschaft, oder sonst etwas Acht, und griff meinem körperlichen Einzuge in Berlin mit einer so geistigen Abwesenheit vor, daß ich, wie ein electrisches Fluidum, die mehr als hundert Meilen dahin in einem Augenblick zurücklegte und mich auf einmal an dem Brandenburger Thore befand. Der wachhabende Officier stand kerzengerade vor mir, forderte mir meine Signale ab und ich schickte ihm dagegen die

Frage zu, wie sich unser geliebter König befände? Er gab mir die besten Nachrichten, freute sich übrigens meiner Bekanntschaft und entließ mich.

Mit lachendem Herzen fuhr ich nun die Gasse hinauf, warf einen freundlichen Blick bald aus dem rechten, bald aus dem linken Schlag, nach diesem oder jenem Fenster meiner Freundinnen und Freunde und — Halt! rief ich, halt! sobald ich den Giebel meiner Wohnung ansichtig ward. Wie flog ich zu der Hausthür hinein — die Treppe hinauf, und wie herzlich begrüßte ich nun die wie-

dereroberte kleine Welt meines
Zimmers.

Ich hatte kein geringes Vergnügen, als mir mein Wandspie-
gel jetzt eine ganz andere Figur,
als jene gekrümmte und hohläugige
zurückwarf, die vor fünf Monaten,
seufzend seiner verrätherischen Oberfläche vorbeizitterte. Der neue
Kunstschnitt meines Haars — das
air aisé — das je ne sais quoi —
die ich über den Rhein her mitbrachte, hielten mich so lange fest
auf meinem reitzenden Standpunct,
bis Bastian mit meinen Kisten an-
rückte. Das Ausschälen, Abstecken,
Aufschnüren und Entwickeln —
nimm es in einem Sinn, in wel-

chem du willst — hat mir von
jeher unendlichen Spaß gemacht.
Es hängt eine gewisse innige Erwartung daran, die das Gemüth
oft angenehmer bewegt, als es die
Herrlichkeiten selbst thun, wenn sie
ausgepackt da liegen.

Wie zitterten meine Hände,
als sie das Kästchen mit den so
merkwürdigen Fensterscheiben öfne-
ten und ich sie nun unbeschädiget
in meine Sammlung einschichten
und den Handelscontract mit dem
Glaser der Bastille dazu legen
konnte! Weit länger und ängst-
licher sah ich mich nach einem
sichern Ort in meinem Weichbilde
für die Criminalacten des heiligen

A 5

Fiacres um, ehe ich mich an das
geheime Fach meines Schreibtisches erinnerte, in welchem — ach!
meine eigenen ehemaligen Liebes-
Documente verwahrlich niedergelegt sind, und eben wollte ich,
damit nicht etwan ein Unberufe-
ner dazwischen käme, und meine
Schleifwege entdeckte, die Thüre
verriegeln — als mir Agde — der
Golf von Lion und nicht weit
von seinem Ufer ein Bollwerk ins
Gesicht schimmerte, das über einem
schäumenden Strudel hervorragte.
„Wie heißt jene Burg?" war
das erste Wort, das ich an den
Postillion verlor, und es verzinste
sich gut. „Brescau," antwortete er,

„Sie haben doch wohl von den berühmten Leckerbissen der dortigen Muscheln gehört?" Ich schüttelte den Kopf — „Nun so werden Sie diesen Abend mit großem Behagen ihre Bekanntschaft machen. Der Felsen, um welchen diese Schalthiere einheimisch sind, versorgt die Wirthshäuser in Agde überflüssig damit, denn ihrer Zartheit wegen können sie nur an Ort und Stelle genossen und keine Meile weit verschickt werden."

„So?" sagte ich verwundert — „Dies Product macht also von vielen andern der französischen Natur eine ganz eigene Ausnahme. — Die Gebäude da oben sind sonach

wohl Fischerhütten?" "Wollte
Gott, sie wären es!" erwiederte
mein Führer — "Nein, mein Herr, es
sind Wachthäuser einiger Invaliden,
die den bequemsten Ehrenposten von
der Welt, die Aufsicht nemlich über
das Staatsgefängniß haben, das
in jene Felsenmasse gehöhlt ist.
Ein Wink des Monarchen — mehr
braucht es nicht — sondert hier
vornehme Schuldige, wohl auch,
wofür Gott sey, unschuldig Ver-
dächtige, von der Gemeinschaft mit
der übrigen Welt ab, und gewiß
kann die Natur in ihrem Umkreis
keine bessere Gelegenheit darbieten,
um jedes Leben in Vergessenheit zu
bringen. Gott erbarme sich der

armen Verkerkerten, die hier in der Tiefe des Meeres athmen." „In der Tiefe des Meeres, sagst du? Ich will doch nimmermehr hoffen, daß die dort anprallenden Wellen an ein menschliches Ohr schlagen?" „Nicht anders, mein Herr! Der Gefangene, sobald er jenen Gipfel erreicht hat, wird gleich darauf so tief herab, als er hoch gestiegen ist, an Seilen, wie in einen Schacht, heruntergelassen und seine Laufbahn ist geendet. Niemand kann Zahl und Namen dieser Versunkenen angeben, die weiß nur der König, vielleicht auch nicht, aber nach den Nährungsmitteln, die täglich einer

von der Besatzung aus dem Bür-
gerspital abholt, können ihrer nicht
so gar wenig seyn."

„Im Frühling vorigen Jahres
traf sich's, daß ich eben hier vor-
beikam, als ein solcher Unglückli-
cher aus der Welt gestoßen wurde.
Der Policey = Wagen hielt nicht
weit vom Ufer; zwei von der
Wache öffneten ihn und übernah-
men den Gefangenen."

„Verkappt und gefesselt brachten sie ihn in ein Fahrzeug. Der
Herr Engelländer, dem ich vorge=
spannt hatte, befahl mir zu halten, stieg aus und näherte sich der
Scene mit seinem Fernglas. Ich
brauchte das nicht, um den Vor=

gang eben so deutlich zu bemerken
als Er. In ohngefähr zehn Minuten landete der Kahn zwischen
den zwo Klippen, die dort — sehen
Sie? — den Platz zum Einlaufen
bilden, und nun kam uns der Ver-
hüllte noch fünfmal auf der Frey-
treppe, die rund um den Felsen in
einer Spindellinie bis zu seiner
Spitze aufsteigt, ins Gesicht. Es
lief mir eiskalt über die Haut, als
ich ihn den letzten Schritt thun und
bald nachher von der Oberfläche der
bewohnten Erde verschwinden sah.
Mein englischer Passagier ballte voll
Ingrimm die Faust gegen den Policey - Wagen, als er, vor uns
her, nach der Chaussée lenkte,

A 3

setzte sich fluchend in den seinen und ließ mich nicht zu Athem kommen, bis ich jenen eingeholt und ihm aus den Augen gebracht hatte; ich aber betete indeß ein Ave Maria für den armen Verstoßenen, und die heilige Jungfrau hat mir's vergolten."

„Wie so? lieber Freund!" fragte ich neugierig. „Weil ich," antwortete der brave Kerl, „von der Stunde an ein ganz anderer, viel besserer Mensch geworden bin, als ich sonst war. Denn während ich bey dem Fort vorbey meine müden Pferde wieder nach Hause ritt, ein gutes Trinkgeld in der Tasche hatte, und meinen Kittel von der lieben Abendsonne vergoldet sah, — ach! wie

wie hoch schlug mir das Herz, wie viel gute Entschließungen faßte — und wie verdammte es nicht die gottlose Unzufriedenheit, die sich sonst immer mit mir auf den Gaul setzte! Ich habe seitdem mein Tagewerk lieb gewonnen, so mühsam es auch seyn mag, und will mir ja einmal mein trockenes Brot nicht zu Halse, so brauche ich nur, um es mir schmackhaft zu machen, an den armen Herrn zu denken, der kein besseres im Grunde des Meeres verschlucken muß. Wie mag er die vielen freundlichen Stunden, die indeß über seiner Finsterniß verlaufen sind, in welcher Seelenangst mag er sie nicht verseufzt haben!

Wie würde er Gott loben und danken, wenn er an meiner Stelle — ach an der Stelle meines Sattelpferds wäre!" Hier zog er sein Schnupftuch heraus, wischte sich die Augen und schwieg. „Bitte" — zischelte ich Bastianen zu — „den guten Menschen diesen Abend bey dir zu Tische, und laß ihm nichts abgehen," ihn aber bat ich, einige Augenblicke zu halten, weil ich aussteigen und doch das Fort aufnehmen wolle, wo die seltenen Muscheln gefunden würden. „Thun Sie, was Ihnen gefällig ist," war seine Antwort, „ich mag nichts davon wissen, doch nehmen Sie Sich in Acht, daß die Abzeichnung

Ihnen an der Grenze keinen Ver=
druß zuzieht." Ich ging, setzte
mich, der Feste gegen über, auf
den Rasen, und trug den Abriß
von ihr auf ein Pergamentblatt
meiner Schreibtafel über. Als ich
damit fertig war, und zu meiner
Berline zurückkam, zeigte ich den
beiden Zurückgebliebenen meine ar=
tistische Arbeit, ich weiß eigentlich
selbst nicht warum? denn Kunstver=
stand konnte ich doch wohl bey kei=
nem voraussetzen. Der Postknecht
drehte das Pergament nach allen
Seiten. „Nein," gab er mir es
zurück, „die Zeichnung brauchen
Sie nicht versteckt zu halten, die
wird die Festung nicht verrathen."

Mein Kammerdiener benahm sich
schon feiner. „O ja," sagte er,
nach vieler Ueberlegung, „Ihre
Abbildung," indem er einigemal
nach dem Original hinblickte,
„dächt' ich, wäre sehr richtig. Das
hier, nicht wahr? stellt den Strudel — jenes das Wachthaus, diese
Linie den Weg, und diese Striche
den Gefangenen und seine Begleiter vor? Als ein Avant la lettre
bringen Sie das Blatt ganz sicher
über die Grenze — denn ein solches — wer versteht es? aber nachher — ja, da würde ich selbst für
den Schlag Menschen als unser
Postillion," — raunte er mir listig
in's Ohr — „zu einer schriftlichen

Erklärung rathen." „Laß es gut
seyn, Bastian!" lachte ich ihm ins
Gesicht; doch benutzte ich seinen
Wink, sobald ich in's Wirthshaus
kam, und setzte die paar Zeilen unter meinen Entwurf:

Stolz steigt der Fels in die Luft, trotzt,
        in dem Orkus gegründet,
Dem um ihn tobenden Meer, dem ihn
        umkreisenden Blitz;
Sein kahler Gipfel, bekränzt von Ne-
        belwolken, verkündet
Verlassen von der Natur, der Rache
        scheußlichsten Sitz.
Ein ehern Schneckengewind des steilen
        Stufengangs schraubet
Zu seinem ernsten Gericht den Ausge-
        stoßnen hinan,

B 3

Den unter wüthender Angst, der letz-
    ten Hoffnung beraubet,
An ihrem furchtbaren Thron die Eu-
    meniden empfahn.
Einst unser Bruder — und jetzt, von
    seinem bösen Geschicke
Belastet, schwankt er einher, zum
    Missethäter entstellt,
Weint und verzweifelt und wirft noch
    drey entsetzliche Blicke
Gen Himmel — über das Meer und
    in die Lauben der Welt;
Dann stürzt des Herrschers Gebot mit
    der Vergessenheit Fluche
Ihn in die Bergkluft hinab und mit-
    ternächtlicher Graus
Umschlingt als Leichentuch ihn, und
    löscht im freundlichen Buche
Des Lebens seinen Vertrag mit Zeit
    und Menschenglück aus.

Jetzt, da ich meine poetische
Beschreibung überlese, die fast
einem Bau - Anschlag gleich sieht,
sollte mir wohl banger um sie wer=
den, als um meinen Grundriß,
denn jene könnte eher als dieser
einen von unsern ruhmbegierigen
Architekten auf den Einfall bringen,
sich durch Erfindung eines ähnlichen
Gefängnisses — Spandau etwa
gegen über, — ein bleibendes Ver=
dienst um den Staat zu erwerben.
Nur wüßte ich nicht, was er dort
den Vorbeyreisenden, zur Besänf=
tigung ihres empörten Gefühls, an
die Stelle der gepriesenen Muscheln
vorsetzen könnte, die mich diesen
Abend ziemlich der Natur wieder

näherten, mit der, als Vermittle-
rin der ausgesuchtesten Tyrannen,
ich schon drauf und dran war zu
zanken.

Erklärte es der Hunger nicht
einigermaßen, der, seit dem Frühstück mit der kleinen Margot, mir
immer heftiger zusetzte, so wäre es
unbegreiflich, wie eine Leckerey
aus der Nähe einer solchen Marterkammer den schreckhaften Eindruck
derselben in dem Grad schwächen
konnte, daß mir auf die letzt die
armen Menschen, die dort schmach-
ten, nur noch als entfernte Freunde
vorschwebten, auf deren Gesundheit
man sich leicht einen Rausch trinkt,
da unser machtloses Bedauern,

wenn ſie auch noch ſo unglücklich
wåren, ihre Thrånen nicht abtrock-
nen, und unſre ſtrengſte Kaſteyung
ihre Leiden nicht heben kann.

Beziers.

Wie freute ich mich, als ich diesen Morgen Agde verließ, auf den Ort, den ich nun erreicht habe.

Jeder unsrer Geographen, die ich über meine Reise zu Rathe zog, zeichnet ihn durch eine Sentenz aus, die, wäre sie erwiesen, Jerusalem und alle Hauptstädte der Welt demüthigen müßte. Wenn Gott, sagen sie, auf Erden wohnen wollte, würde er Beziers zu seinem Aufenthalt wählen. Die Herren, welche in ihre auf gut Glück zusammengestoppelten Nachrichten diese französische Hyperbel mit deutscher Arglosigkeit aufnahmen, können sie, in den neuen Ausgaben ihrer Handbücher, auf mein Wort weglassen.

Ich erkläre sie geradezu für eine Gotteslästerung, indem ich nicht nur dem höchsten Wesen alle die Eigenschaften, die ihm unser Catechismus beilegt, sondern auch guten Geschmack in einer Vollkommenheit zutraue, die so sehr, als jeder andere Gedanke von seiner Größe, weit über unsere Vernunft geht.

Langmüthiger! vergieb dem kleinstädtischen Gesindel ihren Bürgerstolz, so einfältig sie ihn auch an den Tag geben.

Der Weg, den ich von meinem Nachtlager bis zu dem wackelichen Schreibtisch zurückgelegt habe, vor dem ich alleweile auf einer breternen Bank sitze, verdient jedoch eine ehrenvolle Erwähnung.

Die treffliche Chaussée, die sich durch eine dürre undankbare Landschaft schlängelt, kommt dem Reisenden — Fußgänger nehm' ich

aus — auf's beste zu Statten. Er
hat nicht Zeit, Langeweile zu haben. Sein fortrollender Wagen
hat schon alle unangenehme Gegenstände überflogen, ehe das Auge
sie fassen kann. So gelangt er —
zwar mit drehendem Kopfe, doch
ehe er sich umsieht, an das Stadt-
thor, das nicht nur gerade nach
dem zweiten, zu dem man wieder
hinausfährt, sondern auch nach
dem einzigen Wirthshause hin-
weist, das Fremde aufnimmt.
Diese kluge Anlage befördert die
Uebersicht des schönen Ganzen in
einem Augenblick. Meine Neugier war auch schon vollkommen
befriediget, als ich den Gasthof

zum Ortolan am Ende des Städt-
chens erreicht hatte.

Hier lag nun die Aussicht auf
den fortlaufenden Steinweg der
nächsten Station zu offen da, um
mir nicht Lust zu machen, meine
Morgenreise sogleich fortzusetzen.

Da rückte mich aber der Wirth
aus meiner bequemen Lage und
lud mich zum Frühstück auf einen
Spieß der seltenen Vögel ein,
von denen einer auf seinem Schilde
gemalt stand.   So etwas läßt
sich nun freilich nicht ausschlagen.
Der Mund lief mir voll Wasser.
Ich stieg aus und bestellte die
Postpferde nach Verlauf einer
Stunde.   Diese Eil, kann ich

mir nicht anders vorstellen, muß
den spitzbübischen Kerl beleidiget
haben, denn ohne zu entscheiden,
ob er mir Sperlinge oder Finken
vorgesetzt hat, wollte ich doch,
wenn es Noth hätte, vor Gerichte
beschwören, daß es keine Ortolans waren. Ich hatte an dem
Versuche eines einzigen Flügels
genug, schob die Schüssel mit
Ekel von mir und, „Glaubt der
Herr Wirth,“ fuhr ich ihn an,
als er mit schrumpfigen Mandeln
zum Nachtisch hereintrat, „daß
man einem Deutschen alles weis
machen kann? Hol' Euch dieser
und jener mit Euren Ortolans und
Eurem gottesläſterlichen Städt-

chen!" Ich hätte gern meine Worte wieder zurückgehabt, denn kein elender Scribler, der heißhungrigen Lesern unter dem Titel eines komischen Romans ein Buch in die Hände spielt, bei dem ihnen das Lachen vergeht, kann sich ungeberdiger gegen die gelehrten Verräther seines Betrugs benehmen, als sich der Mann gegen meine unpartheiische Recension seines Geflügels auflehnte.

Nun setzt wohl nichts mehr die Galle in Bewegung, als wenn solch ein Unverschämter, dessen elende Kost wir eben erprobt haben, den Stein, der ihn treffen sollte, nach uns zurückschleudert und

und zu seiner Rechtfertigung unsern Geschmack verdächtig zu machen sucht, wie es sich dieser Sudel-koch gegen meine feine Zunge her-ausnahm. Bitter und böse über seine so beleidigende Gegenrede, wollte ich eben Bastianen rufen und noch einmal auf die Post jagen, als ich in der Thüre einem Quidam entgegen rennte, der im Begriff war, anzuklopfen. „Um Vergebung — ich habe mich ge-irrt," stotterte er, „ich sah vor dem Hause eine Berline stehen und dachte, sie gehöre einem Herrn zu, den ich täglich und stündlich erwarte, dem Secretär des Her-zogs von Bedfort, für dessen Gal-

lerie ich ihm — Laſſen Sie Sich
nicht ſtören, mein Herr! — einen
Titian verkauft habe."

"Ich weiß nicht, was ich von
seinem Ausbleiben denken soll. Er
hat mir nichts auf den Handel
gegeben und die Zahlungs - Friſt
iſt nun ſchon vor drey Wochen verlaufen." Meine runzliche Stirn
klärte ſich auf. "Treten Sie doch
näher, mein Herr!" nöthigte ich
ihn in das Zimmer, "mit wem
habe ich denn die Ehre zu sprechen? Handeln Sie mit Gemäl-
den?" "Nein," sagte der freund-
liche Mann, "ich bin hier geschwor-
ner Notarius." "Einen Titian ſa-

gen Sie?" — „Ja," erwiederte
er, „eine Venus von ihm und
ficher aus feiner beſten Zeit. Sie
iſt als Fideicommiß auf mich gekommen; ob fie aber, nach einer
alten Tradition, dieſelbe iſt, vor
der Carl der Fünfte den Pinſel
aufhob, will ich nicht mit Gewiß=
heit behaupten, ohnerachtet ſchon
mehrere Kenner die warme Stelle
haben angeben wollen, wo er dem
Maler von allzuſtarkem Enthuſias-
mus entſchlüpft ſey." „Der erſte
Umſtand" ſagte ich lächelnd,
„würde für den Werth des Bil-
des auch wenig beweiſen. Große
Herren heben oft Pinſel aus dem
Staub, die es nicht verdienen,

und laſſen beſſere liegen, die ſie aufheben ſollten."

„Das ſind zufällige Dinge, auf die ſich ein wahres Genie nichts zu Gute thut, und die ſelbſt als Anekdote in der Geſchichte der Kunſt von keinem Belang ſind. Die Gemüthsbewegung des Künſtlers hingegen, von der Sie ſprachen, wäre ſchon bedeutender. Aber dürfen Sie denn, mein Herr! ein Fideicommiß veräußern?"

„Die Verbindlichkeit ſeiner Erhaltung" erklärte er mir etwas weitſchweifig, „hört, den Geſetzen gemäß, bei dem letzten Nachkommen des Erblaſſers auf. Nun kann ich zwar die Familie noch

nicht für verloschen ausgeben, da
mir eine Tochter geblieben ist, die
den besten Willen hätte, sie fort=
zusetzen, wäre ihrem Freier nur
mit einer bloß gemalten Ausstat=
tung gedient. Indem ich aber
von dem wenigen Meinen, außer
diesem Kunstwerke, durchaus nichts
entübrigen kann, so tritt die
Rechtsfrage ein, ob ein Vater in
meinem Falle seine einzige Tochter
der Gefahr, ihren Bräutigam zu
verlieren, aussetzen, oder ihrem
nicht unbilligen Verlangen nachge=
ben soll, das Bild der Liebe der
Wirklichkeit aufzuopfern? Ich habe
den Zweifelsknoten als Rechtsge=
lehrter erst auf allen Seiten be=

trachtet und ihn endlich als ein
zärtlicher Vater gelöst."

"Denn kann auch, sage ich,
das herrliche Gemälde nach seinem
Verkauf nicht auf die künftigen
Leibeserben meiner Tochter über-
gehen, so müßten sie doch, sage
ich, vor den Kopf geschlagen seyn,
wenn sie mich deshalb in Anspruch
nehmen wollten, da ich doch ehrlicher Weise ihnen zu ihrem Daseyn nicht anders verhelfen kann."

Ich machte dem schwatzhaften
Mann so viele schmeichelhafte
Complimente über die Bündigkeit
seiner Deduction, und wußte zugleich meine in Geheim aufsteigen-
den Wünsche so geschickt durch die

sehr wahrscheinlichen der bedräng-
ten Schönen zu unterstützen, daß
ich ihm bald genug die Erklärung,
an der mir am meisten lag, abge-
lockt hatte: „er wolle nun auch
keinen Tag länger auf den saum-
seligen Bezahler lauern, wenn
sich ein Liebhaber fände, der in
seinen Kauf träte.“ „Und auf
wie hoch, wenn ich fragen darf,
haben sie ihn abgeschlossen?“ „Auf
tausend kleine Thaler,“ erwiederte
er, „eine mäßige Summe für einen
Titian, der so gut erhalten ist,
als es ein Fideicommiß nur seyn
kann; aber, wie gesagt, die bängliche Lage meines armen Kindes“ - - - „O, diese“ fiel ich

ihm ins Wort, „könnte wohl selbst einen so zärtlichen Vater vermögen, noch etwas von jenem Preis nachzulassen, wenn er baares Geld sieht. Nicht wahr?" Er zuckte mit den Achseln. „Nun darüber" fuhr ich fort, „läßt sich noch sprechen, wenn Sie mir erlauben, Ihnen und der Venus meine Aufwartung zu machen." „Viel Ehre für beide!" verneigte er sich. „So darf ich Ihnen wohl folgen?" fragte ich, „denn länger, als eine gute halbe Stunde kann ich mich hier nicht aufhalten." „Das thut mir leid," entgegnete er, „und ich kann sonach Ihnen nur noch eine glückliche Reise wünschen, weil ich vor drey Uhr nicht wieder zu Hause seyn kann — nöthiger Geschäfte wegen.“ „Das“ besann ich mich, „läßt sich wohl noch vergleichen. Die meinigen sind nicht so dringend, um darüber einen schönen Anblick aufzugeben. Ich darf ja nur die Postpferde später bestellen. Nach drey Uhr also, lieber Herr Notar, will ich mich einstellen.“

Er nickte mir bloß mit dem Kopf zu, ergriff verdrüßlich seinen Hut und ging. Unter der Thür drehte er sich noch einmal nach mir um. „Wenn Sie lange Weile haben, und wollen unterdeß, bis ich zurückkomme, meiner Tochter

zufprechen, fo fte§t es bei Ihnen.
Die Venus aber kann Ihnen
freilich ein Mädchen nicht auf-
decken. Der Kellner weiß, wo wir
wohnen." Er war fchon auf der
Treppe, ehe ich antworten konnte.
Das ift ein wunderlicher Heiliger,
dachte ich; erft fo gefprächig und
nun fo kurz abgebrochen! Sollte
er denn aus den paar Worten, die
ich über den Preis feines Gemäl-
des fallen ließ, einen Knaufer in
mir vermuthen, der erft den Vater
treuherzig gemacht hätte, um durch
jüdifchen Handel die Verlegenheit
der Tochter zu benutzen, und ihren
ohnehin geringen Brautfchatz noch
zu fchmälern? Das möchte wohl

bei andern Käufern der Fall seyn.
Nein, ich will nicht zur Ungebühr
so preßhafte Personen noch mehr
pressen. Das schwör' ich bei dem
Andenken des unsterblichen Titian.

Es wäre doch drollig, Eduard,
wenn das abgeschmackte Beziers
mir zu einem Kleinod verhülfe,
nach welchem ich, seit ich denken
und fühlen kann, vergebens gean-
gelt habe. Zum Glück — auch
in dem Falle sogar, wenn die
mißlichen Umstände eines einzigen
Sprößlings den Vater auch nicht
zu einem Sous Nachlaß bewegen
könnten, — bleibt meiner Casse
noch hinlänglich Kraft, den ge-
bannten Geist des großen Malers

aus dem verfallenen Bau des Notars zu erlösen, ohne daß mir, wie gewöhnlich den Schatzgräbern, weitern Fortkommens wegen bange seyn darf. Reiche ich mit meiner Baarschaft nur bis Leyden! Bey einem Freunde, wie mir Jerome ist, habe ich keine Verlegenheit zu fürchten, wenn ich ihm nichts leereres verrathe, als meine Geld- börse!

Wie hat mich doch in diesem Augenblick eine Post - Chaise er- schreckt, ehe ich sahe, daß sie durchfuhr!

Es müßte aber auch wunder- lich zugehen, wenn der Zufall eben jetzt den erwarteten Secretär in die Quere brächte. Sein Termin ist verlaufen. Es hat drey geschlagen; ich fliege nun meiner Schutzgöttin entgegen.

Beziers.

Du siehst mich immer noch hier,
Eduard, und kannst leicht denken,
daß sich, außer meinem wichtigen
Handel von gestern, noch andere
Dinge eingemischt haben müssen,
die meine Abreise von diesem fatalen Ort verzögerten. Die Sache
hängt so zusammen. Ich fand
den Notar und seine einzige Tochter vor einem großen Topf Chocolate à double Vanille, zu

meiner Bewillkommnung. Die Lie-
besgöttin lauschte hinter einem
grünlichen Vorhang, gerade über
dem abgenutzten Sopha, auf welchem die Braut saß, deren Jugend
und Farbe mir einen sehr billigen
Kauf versprach, wenn ich ja in
Versuchung käme, bei einem Meisterstücke der Kunst an gute Wirthschaft zu denken. Das gute Kind,
bemerkte ich mit heimlichem Vergnügen, hatte ihre Blüthenzeit
schon so weit hinter sich, daß es
toll und thörigt vom Vater wäre,
wenn er noch einen Tag anstünde,
vermittelst des älteren Fideicom-
misses dem jüngern Luft zu
machen.

C 3

Die gar zu höflichen Leutchen
verschwendeten einen Schwall ihres
Getränkes an mich, das ich, während meine Gedanken hinter dem
Vorhang schwebten, aus Zerstreuung hinunter — und dagegen in
allem meinen Geäder eine gewaltige
Hitze aufjagte.

Um indeß dem Strom einigermaßen entgegen zu arbeiten, der
mich, seiner Natur nach, mit jeder
Tasse viel weiter nach Paphos zu
treiben drohte, als es für den
Vortheil meines vorhabenden Ge-
schäfts gut war, benutzte ich jede
Gelegenheit, dem vergilbten Mädchen das Glück der Ehe und die
Seligkeit verbundener Seelen aufs
reizendste

reißendste vorzumalen. Meine Poe-
sie blieb nicht ohne Wirkung. Ihre
Wangen flammten stärker noch,
als die meinigen, und sicher ließ
sie in ihrem pochenden Herzen jedesmal hundert Livres von dem gefor-
derten Preis nach, so oft ich mich
geneigt fühlte, mein Gegengebot
um funfzig zu erhöhen. Dieser
stillschweigende Handel um ein ver-
decktes Gemälde ward mir jedoch
je länger, je lästiger. Ich mußte
alle meine Artigkeit zusammenneh-
men, um im Beiseyn der verschämten Braut den Vorhang
nicht ein wenig zu lüften. Endlich — auf einen bittenden Wink
des Vaters, setzte sie die Tasse

aus der Hand, rückte den Tisch
und entschloß sich, die beiden Herren mit der Venus allein zu lassen. Ich hätte sie, und das will
viel sagen, umarmen mögen, als
sie mit der dritten und letzten Verbeugung an der Thür, meiner
Ungeduld ein Ende machte. Welch
eine Erwartung, welch ein köstli-
cher Augenblick! Der Notar er-
greift die Schnur — ich zittere
am ganzen Leibe — der grüne
Vorhang fliegt seitwärts — meine
feurigen Augen, wie Lichter, die
schnell in das Dunkle treten, stür-
zen nach und umfassen nun mit
Erstaunen das Gebild, das mich
so lange durch seine schamhafte

Verhüllung gequält hat. Es liegt
vor mir in seiner ganzen weitläuf-
tigen Nacktheit. Und ich — wie
vor den Kopf geschlagen — stehe
ich da, habe nicht das Herz, noch
einmal hinzublicken, lache bitter
und befrage mich:

Dies wäre Sie, die jedes Herz
    erweichet,
Den Wachenden entzückt, den Schla-
    fenden erweckt,
Die Göttin, die mir noch den besten
    Kelch gereichet,
Nachdem ich alle durchgeschmeckt? —
Bei allen Heiligen, die jemals mich
    geneckt,
Bei Lady Baltimor, die der Madonna
    gleichet,

Bei Margots Reiz, der sich nicht min-
      der unbefleckt,

Gleich einer Lilie, die Zephyr auf-
      gedeckt,

Stolz aus dem Nebel hebt, der nach
      den Thälern streichet,

Schwör ich — Es ist die Braut! viel-
      leicht nur zu correkt

Nach der Natur gemalt, — denn was
      hier strotzt und bleichet,

Hält Venus zu Florenz mit scheuer
      Hand versteckt,

Die Braut ist's, die im Drang, der
      aus der Brust ihr keuchet,

Matt wie der Tauben Paar, das ihr
      zu Füßen schleichet,

Die Arme nach Erlösung streckt.

Getroffner hat noch nie mich ein Por-
      trait verscheuchet

Und ein Original erschreckt.

Doch, daß verſtändlicher noch die
Verlockung werde,
Winkt, ſo wie ehedem dem Wandrer
zur Gefährde,
Zu ſeinem Räthſelſpiel, der frevel=
hafte Sphinx,
Hier zu faſt gleichem Zweck mit liſtiger
Geberde
Ein blinder Junge dir, dem links
Die Rüſtung Amors liegt — und nun
mit gelber Erde
Gleich drunter: Titianus pinx.

Hätte mir nicht Zeit und Er=
fahrung gelehrt, Meiſter meiner
erſten Hitze und meines ſpaniſchen
Rohrs zu werden, ich weiß nicht,
wie es dem geſchwornen Notar
ergangen wäre. So aber ließ ich
es bei einem verächtlichen Blicke

bewenden, den ich von der Betrachtung dieser untergeschobenen
Venus ausdrücklich für ihren leiblichen Vater aufgehoben hatte.
Der Betrug ist zwar grob, berechnete ich in der Geschwindigkeit, den
der Unverschämte dir zu spielen
gedachte, dafür ist er aber auch,
genugsam zwar noch lange nicht,
durch den Aufwand von der theu-
ern Chocolate bestraft, um die er
sich nun aufs kläglichste in seiner Bettelwirthschaft geprellt sieht.
Wohl gar, ging mir ein schreck-
liches Licht auf, stellte er dir nur
d a r u m frey, einige Stunden
allein mit dem verschossenen Original zuzubringen, um gegen ein

tüchtiges Schaugeld die Aehnlichkeit der Copie desto besser vergleichen zu können, denn der Kerl
ist gewiß jeder Bosheit fähig. In
zornigem Stillschweigen nahm ich
meinen Hut von der Wand, stäubte
ihn ab, während er, ohne daß ich
darauf achtete, den Kaufpreis seines Ungeheuers von einem Tausend Livres zum andern herunter-
setzte, und eilte, weniger über seinen doppelt mißlungenen scheußli-
chen Versuch, als über meine
Leichtgläubigkeit aufgebracht, die
Treppe hinab, denn ich hätte mir
doch wohl vorstellen können, daß
unsere Stubengelehrten ein solches
Fideicommiß, wenn eins hier vor-

handen gewesen wäre, wenigstens
eben so gern einer Anzeige würden
gewürdiget haben, als jene ruchlose
Sentenz. Am längsten schlug sich
meine bittere Laune mit dem Tün-
cher herum, der sich erfrecht hatte,
den Namen jenes glorreichen Malers auf seinen Schmierlappen zu
prägen.

„Du, rief ich mit geballter
Faust in die Luft:

Du, der des Löwen Haut gleich
        jenem Esel stahl,
Der dennoch blieb, was er gewesen,
Du Schöpfer meiner Augenquaal,
Wird je dein Name laut, so sey's im
        Hospital,

Wo du für dein Gebild die Farben
aufgelesen.

Es leihe als Symbol von ihrem
Hochzeittag

So lange Trost der männertollen
Dirne,

Bis ein verschobenes Gehirne

Den ekeln Brautschatz heben mag.

Erwarte nicht, o Thor! daß deine
kranken Tauben,

Die man zu gut an ihren Federn kennt,

Ein Körnchen je des süßen Weih=
rauchs rauben,

Der auf dem Herd der Liebe brennt!

Wird wohl ein Wurm wie Du, der
nach Cytherens Insel

Verweht, ein welkes Blatt aus ihrem
Kranz erschleicht,

Ein Genius, dem gern und aus
Gefühl vielleicht

Sein Kaiser tief gebückt, den leicht
entschlüpften Pinsel
Zum letzten Schattenstrich des Kleinods
wieder reicht,
Das alle andre hebt, wenn's
gleicht? —

That ich wohl klug, daß ich noch
Galle zu dem Höllengetränke mischte,
mit dem der Fidei - Commissar und
seine, zu einigem Trost der Durchreisenden, einzige Tochter meine
Augen zu bestechen hofften?

Mein armes, diesmal wider
Verschulden, gepeitschtes Blut war
darüber in eine Wallung gerathen,
die mir keine Ruhe verstattete.

Schon seit einer Stunde außer
dem Thore meiner unglücklichen

Einfahrt hatte ich bereits einen
halben Cirkel um das dumme
Städtchen geschlagen, als ich gegen alle Erwartung auf einen
Punkt stieß, der mich fest hielt.

Ein großer menschlicher Gedanke mit genialischer Kraft aus-
geführt — eins der vielen Wunder des Canals von Languedoc,
lag gerade vor mir. Ich sah ein
Postschiff unter meinen Füßen an-
schwimmen, das, um seinen Lauf
in der höhern Landschaft fortzusetzen, zwei und siebenzig Ellen
bis zu meinem Standpuncte her-
aufsteigen mußte, welches durch
sieben Schleußen, die das Wasser

D 6

zu so viel Stufen anschwellten, in wenig Minuten bewerkstelliget ward. Während ich nun zusah, wie viele verdrüßliche Gesichter die Barke aussetzte und wie vergnügt die schienen, die sie dagegen einnahm, und bei einem Hinblick auf die Stadt, das eine wie das andere Phänomen sehr begreiflich fand, fuhr mir die Frage durch den Kopf, ob ich nicht auch klüger thäte, die Verdauung der doppelten Vanille auf einem schaukelnden Schiffchen, als in einer Kneipe abzuwarten, wo man Sperlinge für Ortolans giebt? Ich hatte nichts triftiges dawider einzuwenden, als etwan die Ve=

sorgniß Bastians, wenn ich über Nacht ausbliebe.

Indem streckte mir ein armer in Ruhe gesetzter Soldat seine dürre Hand nach einem Allmosen entgegen. Sein altes, offenes, ehrliches Gesicht brachte mich auf den Gedanken, ihn zu meinem Botschafter zu brauchen. Nun war er freilich auch lahm dabey, aber nicht so sehr, um einen Weg nach dem Wirthshaus zu scheuen, denn er übernahm meinen Auftrag sehr gern und um so williger, da ich auf einer Visiten- Karte, von der ich ohnehin weit entfernt war in Beziers Gebrauch zu machen, für Ueberbringern einen gleich zahlbaren Wechsel von vier

und zwanzig Sous auf meinen
Cammer = Cassirer trassirte.

Ich habe schon größere für
kleinere Bemühungen an weit
lahmere Geschäftsträger ausgestellt, ohne nur halb so viel
Provision dabei zu gewinnen, als
dieser mir abwarf. Das freund-
liche dankbare Auge des armen
Invaliden für den geringen Ver-
dienst, den ich ihm zuwendete,
leitete auch das meine gen Himmel
zu jenem großen Banquier, bei dem
ich ja, mit Allem, was ich habe —
mit dem reichlichen guten Brote,
das ich verzehre, so wie mit dem
wenigen schwarzen, das ich dem
Hungerigen breche, in Schuld stehe.

Diese vorüberfliegende Empfindung, die eigentlich jeden Heller und Groschen begleiten sollte, den wir ausgeben, machte mich in diesem Augenblick reicher und froher, als wenn mir jemand die ächte Venus geschenkt hätte, vor der ein Beherrscher der Welt den Rücken bog. Das Fahrgeld für die erste Station nach Somailles betrug, selbst den Wechsel dazu gerechnet, so wenig, daß ich schwerlich eine andere siebenstündige Zerstreuung wohlfeiler hätte erkaufen können. Meine Unterhaltung in der ersten Stunde möchte ich gern, wenn es nicht zu eitel klänge, auch für die beste

D 8

halten, denn sie entspann sich in
mir selbst. Die mitschiffende Gesellschaft — aus Lappen von ver-
schiedener Güte und Farbe zusammen gesetzt, und die Du mir
wohl nicht zumuthen wirst in eine
Musterkarte zu bringen, warf dem
Ausländer, ehe sie ihn angriff,
erst Leuchtkugeln in das Nest, um
ihn aufzujagen. Jedes reichte aus
seinem Vorrath dem andern ein
Stückchen gefärbtes Glas oder
Rauschgold zu, um den Ehren=
kranz des gemeinschaftlichen Vater=
lands noch höher zu schmücken.

Ich gab für die Lust, die sie da=
durch mir machten, ihnen dagegen
auch gern mein Erstaunen zu ihrem
Spiel=

Spielwerke preis, und so war mit
wenig gesellschaftlicher Falschheit
beiden Theilen geholfen.

Ein jubilirter Fähndrich eines
längst verschollenen Freicorps war
der erste, der mir auf der Bank
mit dem Uebelgeruch seiner hör-
nernen Dose und einem Mißklang
deutscher Worte näher rückte; die
einzigen Ueberreste seiner Beute
aus dem siebenjährigen Kriege.
Trotz ihrer Verstümmelung gaben
sie mir doch, so gut als Gresset's
Vert - vert, und bestimmter als
es der Redner wohl selbst glaubte,
den gesellschaftlichen Ton seiner großen Verbindungen in Deutschland

E

so treu wieder zurück, daß mir die Ohren weh thaten.

Er gedächte noch mit Entzük-ken, schwor er mir zu, seiner Rasttage zu Meißen, Dresden, in dem Plauischen Grunde und auf dem weißen Stein. Desto unerwarteter, obgleich sehr lieb, war es mir, von jemanden, der die Vergleichung machen konnte, zu erfahren, daß ich mich ganz in der Nähe einer Augenweide befände, die nicht nur jene, wie er sich ausdrückte, nicht übeln Gegenden meines Vaterlands, son-dern die prächtigsten sogar seines eigenen, weit hinter sich ließe, die malerische nemlich — unglaublich

schöne Aussicht, die ein Bischof von
Beziers auf der Terrasse seiner
herrlichen Residenz genösse. „Das
ist viel gesagt,‟ entwischte mir,
indem ich im Geiste jene Prunk-
gefilde der Natur und mein unver-
geßliches Sonnenthal überblickte.
„Nun so gebe ich mich‟ erklärte
er mit militärischem Anstand „nicht
eher zufrieden, bis Sie mir Ehre
und Augen verpfänden, daß Sie
Sich selbst überzeugen wollen, wie
viel zu wenig ich noch gesagt
habe.‟ Um so ein Versprechen
lasse ich mich nicht lange bedrohn.
Ich wiederholte es ihm in der
Folge noch einmal, weil mir sein
fortwährender Bombast über den-

selben Gegenstand in der Länge
verdrießlich ward. „Morgen,
wenn ich von meiner Spazierfahrt
zurückkomme,“ sagte ich, „soll
gewiß mein erster Gang nach der
bischöflichen Burg seyn.“ „Setzen
Sie ihn nur noch einen Tag weiter hinaus,“ suchte er mich zu
bereden, „so bin auch ich wieder
zu haben, begleite Sie, und besuche zugleich den dortigen Castellan, meinen leiblichen Vetter,
der sein Trinkgeld sauer verdienen
soll, dafür stehe ich.“ Es that
mir wohl leid, daß mir meine
ohnehin zu lang verschobene Abreise von Beziers nicht erlaubte,
sein höfliches und so vortheilhaf-

tes Erbieten anzunehmen, beynahe
aber thut es mir noch weher, der
schönen Natur eine neue Gunstbe-
zeugung abzulocken, die den Eindruck aller jener verwischen soll,
an denen mein Herz noch jetzt mit
der treuesten Leidenschaft hängt;
indeß tröste ich mich mit meinen
unersättlichen Augen, die noch
überdies zu Pfand stehen. Williger stimmte ich in die Lobrede ein,
die der Schwätzer dem Canal hielt,
gab gern zu, daß Deutschland dergleichen nicht aufzuweisen habe,
und fand wirklich die Stellen, die
er mir im voraus mit Wortge-
pränge ankündigte, troß der dadurch gestörten Ueberraschung,

jedesmal merkwürdiger noch, als ich erwartete. Das erste Wunder, das ich anstaunte, war ein ausgebrochener Felsen, Malpas genannt, über dessen Rücken Lastwagen raffelten, während die Barke unter seinem kühlen, dämmernden, hohen Gewölbe hundert und zwanzig Toisen auf das lieblichste fortschlüpfte. Einige Stunden nachher warf sich ein reißendes Thal, wie eine große Smaragd = Schaale, meinen frohen Blikken entgegen. Aus seiner Tiefe stiegen drey ungeheure Bogenmauern in die Höhe, die das Schiff und den Canal gleichsam in der Luft forttrugen, indeß senk-

recht unter uns ein Fluß rauschte,
eine Heerde Schafe an seinem
Ufer weidete, und eine Gruppe
lustiger Mädchen sich, ohne Furcht
vor unsern Ferngläsern, zum Baden
anschickte.

Das süße Lebensgefühl, das
in dem Herzen eines auch noch
so Unempfindlichen aufwallen muß,
der dies fortlaufende reiche Na-
tur- und Kunstgemälde zum erstenmal erblickt, und das jetzt glän-
zend aus meinen Augen hervor-
leuchtete, machte mir die ganze
Gesellschaft geneigt, so wenig meine
Bewunderung auch Bezug auf sie
hatte. Alle setzten bey mir voraus,
daß ich von Barke zu Barke bis

nach Toulouse fahren, und auf der
Route bey St. Feriol aussteigen
würde, um den größten bekannten
Trichter der Welt zu betrachten.
Er schwebe, erklärten sie mir, zwischen drey Bergen, wie aus Felsen
gegossen, und enthalte anderthalb-
mal die ganze Masse Wassers des,
vierzig deutsche Meilen durchfließen-
den Canals, um ihn nach den sechs
Ablaß- und Feier-Wochen, die
man jährlich seiner Reinigung und
Ausbesserung widme, wieder zu fül-
len. Diese Mittheilung werde mit
Hülfe dreyer metallnen Hähne bewerkstelliget, die, wie an einer
Thee-Urne, sich aufdrehen ließen,
und jenem Wasser-Magazin der

erlittene Abgang durch mehrere ihm zugeleitete Bäche in einigen Tagen wieder ersetzt. „Und wer" frug ich, „war der Erfinder und Schöpfer dieses erstaunlichen Menschenwerks?" „Ein Landsmann und Zeitgenosse des berühmten Pelisson, und nicht nur zur Ehre, sondern auch zum glücklichsten Gewinnst für uns," riefen sie alle mit innigem Wohlbehagen, „ein gemeiner Gärtner von Beziers, denn der brave Mann ließ absichtlich den Canal einen Umweg nehmen, um seiner Vaterstadt ein großmüthiges Andenken zu hinterlassen. Wäre er gleich nicht in Narbonne geboren worden, werfen ihm die dortigen

neidischen Einwohner vor, so konnte
er doch als Bürger des Staats,
dem er zuerst angehörte, ihm mehrere Millionen ersparen, wenn er
dem Wasser, das er in Beziers
gezwungen war durch Kunst in die
Höhe zu treiben, ein neben uns,
schon von den alten Römern hierzu
eingerichtetes Flußbette angewie-
sen hätte. Das ist wohl wahr,
stimmten sie alle ein, aber was
geht einem Bezierser der Staat
an?" „Ach!" seufzte ich heimlich,
„so hat denn auch jenes große Genie, das nur zufällige Geburt in
diesen Winkel verschlug, der kleinstädtischen Denkungsart untergele-
gen, die hier local ist!—Auch Fau-

quets Freund — ist es möglich, verwunderte ich mich etwas zu laut, der rechtschaffene Pelisson wäre hier geboren?" „Ja wohl," übernahm der Fähndrich die Antwort, „das hiesige Clima scheint ganz besonders geeignet, vorzügliche Menschen zu entwickeln." Ich sah ihn bedenklich an, dachte an den Notar, an den Wirth zum Ortolan, und schwieg.

Desto tiefer bückte sich mein zagender Genius vor jenem Muthigen, der diesen künstlichen Strom ausgoß. Der Gedanke an den Umfang, an die Schwierigkeiten seines herrlich ausgeführten Plans, spannte meine Neugier nur noch

E. 6

höher auf diesen seltenen Sterbli-
chen. Der Freybeuter empfahl
sich dadurch sehr bey mir, daß seine
geläufige Zunge mir so viel von
dessen Geschichte, als er nur selbst
wußte, mittheilte. Wie rührte es
mich, alle die Kräfte in dem Kopfe
eines Mannes ohne gelehrte Er-
ziehung vereinigt zu sehen, die
erforderlich waren, um das Zutrauen des klugen behutsamen Col-
bert zu diesem ungeheuern Unternehmen — die Zustimmung des
Königs zu zwanzig Millionen Aufwand, und einen so vollkommenen
Sieg über ein Heer von Gegnern
und Neidern zu gewinnen. Der
Edelsinn Ludewigs erhob mir das

Herz, der den Erfinder nicht würdiger zu belohnen wußte, als mit dem vollendeten Werke selbst, das seinen Nachkommen, den jetzigen Grafen von Caraman, jährlich eine halbe Million Einkünfte abwirft.

Dies thatenvolle Leben beschäftigte meinen Enthusiasmus selbst noch in Somailles, wo wir zur gesetzten Zeit anlangten.

Es segne, es segne sein dankbares Land
   Den Namen Riquet — und Welt
     und Nachwelt verehre
Den Helden, dessen wohlthätige Hand
Zwey ferne, fremde, tobende Meere
   Friedlich mit einander verband!
Die aufgeschreckte Natur warf mit gigantischem Zorne

E 7

Felſen, Wälder und Seen in ſeine
romantiſche Bahn;
Das ſcheue Chor der Dreaden entrann,
Als er das große verworrne
Räthſel zu löſen begann.
Auf dreyßig Stufen vom Manne zum
Greiſe
Erſchritt er den letzten entſcheiden=
den Tag,
Er rief dem Waſſer — es kam, es floß
im ſicherſten Gleiſe,
Und Gondeln flogen zum Ziel der neu
erfundenen Reiſe,
Berg auf und Berg unter, dem Boot
ihres Anführers nach.
Da blickte ſein Auge zu Gott, und ſieh!
dem menſchlichen Fleiße
Ward göttlicher Lohn; es blickte noch
einmal, und brach.

Ja, Freund, es brach, kurz
nachher, als er von seiner ersten
Probefahrt zurückgekommen war,
und die meinigen feuchteten sich an,
als ich's hörte.

Sollte wohl für Reisende ir=
gendwo in der Welt besser gesorgt
seyn, als auf diesem prächtigen Canal? Ich glaube kaum. Denn
ungerechnet, daß man hier keinen
Staub zu verschlucken, für grund-
lose Wege kein Pflastergeld zu be-
zahlen, die Grobheiten der Post-
knechte, den Umsturz des Fuhrwerks
und Langeweile so wenig zu befürchten hat, als Zeitverlust, so irrt
noch überdies Dein Auge, wie in
einer Gallerie von Claude Lorrain,

von einer schönen Landschaft zur
andern. Dein Körper schwimmt
in dem behaglichsten Gefühl. Für
Deinen Gaum wird schon von weitem das beste Geflügel mürbe ge-
kocht, und geistiger Balsam für
Deine arme Seele. Jeder Schuh
Wasser, über welchen die vor Wind
und Wetter geschützte Barke sanft
hingleitet, scheint zu dem Wege,
den sie zurücklegen soll, so genau
berechnet zu seyn, als die Kette
einer Minuten = Uhr.

Wenn Du früh abfährst, siehest
Du Dich in eine, zu einem Zweck
vereinte, oft sehr gemischte, aber
immer muntere Gesellschaft einge-
reiht, bist der Sorge für den Mittag

tag überhoben, des Empfangs eines
freundlichen Wirths an einer schon
gedeckten Tafel für festgesetzten mäßigen Preis, und bey der Landung am
Abend, außerdem noch, eines reinlichen Bettes gewiß. Vom Anfang
bis ans Ende der Fahrt harren in
den Wirthshäusern, bey denen Du
anhältst, nicht nur körperliche frische Pferde zum Ziehen des Schiffs
— sondern auch untergelegte, geistige, ehrwürdige Kapuziner, die
beordert sind, Gott für Deine
glückliche Ueberkunft zu danken, und
für Dein weiteres Fortkommen bis
zur nächsten Kapuzinade Messe zu
lesen.

Höher, als bey dieser, ist wohl in keiner öffentlichen Post-Anstalt die Vorsorge getrieben worden. Auch bewies mir der Mönch, der unserm heutigen Abendmal vorstand, die Wirksamkeit des angeordneten Gebets durch einen längeren als hundertjährigen glücklichen Erfolg; denn, sagte er, obschon der Canal täglich und stündlich hin- und herwärts befahren wird, so hat man doch kein Beyspiel, daß auch nur ein Boot seitdem verloren gegangen sey, da hingegen unzählige Schiffe verunglückt sind, als sie noch genöthiget waren, ihren Lauf durch die Straße von Giberaltar, aus dem Aquitanischen —

in das Mittelmeer zu nehmen. Ich erregte nicht den geringsten Zweifel dagegen. Die Bewirthung hier gefällt mir so wohl, daß ich den Ortolan keinen Augenblick vermisse.

Somailles.

Den 4ten März.

Meine Aergerniß über den Notar, seine orangenfarbene Tochter und ihr Hochzeitgemälde ist verschlafen, und Bastian, wenn ich auch nicht mit der Frühbarke abgehe, klug genug, die wahre Ursache meines längern Außenbleibens nothdürftig zu errathen. Ich liebe ganz beson= ders dergleichen unruhige und doch wohl eingerichtete Wirthschaften, als ich hier finde. Die Zeit wird mir keinen Augenblick lang. Ich sehe dem Aus- und Einsteigen der Ankommenden und Abgehenden, wie einer Theater-Veränderung mit Vergnügen zu — verplaudere mit jenen einige Stunden, ohne es sehr zu achten, wenn mir diese aus den Augen verschwinden. — Geschichte des menschlichen Lebens in einem gedrängten Auszuge! — Ich darf mir nur noch den Fortgang der Welt mit immer neu aufgepackten Zeitgestalten unter dem Sinnbilde eines Canals vorstellen, so habe ich eine moralische Betrachtung, so gut, als eine mit Kupfern. Zufrieden indeß mit der kleinen Probe, die ich gemacht habe, ist mir, nach

ruhigem Nachdenken, die Luſt vergangen, des edeln Riquets Erfindung, außer alleweile zu meiner
Rückreiſe, für das weitere zu benutzen.

Ich verkenne zwar keinen der
Vortheile, die ſie Reiſenden, unter
andern Umſtänden, als die meini=
gen, gewährt; für mich aber, der
keine Fracht zu verfahren hat, als
die unbedeutende ſeines eigenen
Selbſts — der ſich ungern an den
Glockenſchlag bindet, und immer
mit Helvetius fürchtet, daß uns
ſchon dadurch ein Menſch verhaßt
werden könne, wenn man ihm lange
gegen über ſitzt, taugen alle Fahr-
zeuge um ſo weniger, je richtiger

sie ihre Stunden halten, und je
bunter sie besetzt sind. Da ich vollends gelegentlich erfahren habe,
daß die Postschiffe zehn Tage auf
denselben Weg verwenden, den ich
zu Lande in dreyen zurückzulegen
hoffe, so thue ich ohne weiteres
Bedenken Verzicht auf die Ehre,
mit dem Wasserbecken zu Feriol
und dem größten Trichter auf Gottes Erdboden Bekanntschaft zu machen. Man käme schon von einem
Frühlings - Spaziergange in seinem
Leben nicht nach Hause, wenn man
nicht manches Merkwürdige vor-
beyzugehen gelernt hätte.

Mit der Terrasse des bischöflichen Sitzes ist es etwas anders;

diese liegt mir, so zu sagen, unter
den Händen. Ich brauche ja nur
ausgeruhte Füße und helle Augen,
um diesen Solitär nach allen seinen Facetten zu betrachten. Kein
Kenner des Wahren, Schönen
und Großen, sagte der Fähndrich
im Romanenstyl, kann ihn unbe-
sehn lassen, ohne ein Majestäts-
Verbrechen gegen die wundervolle
Natur zu begehen. Ach, seitdem
mich die Puppenspieler von Agathens Seite aus St. Sauveurs
Landsitze versprengten, habe ich das
Seelenbedürfniß des Anschauens
in seinem ganzen Umfange ent-
behrt. Desto wohlthätiger werden mir meine morgenden Früh-

stunden verstreichen. Ein halber
Tag länger in Beziers ist freilich
ein hoher Kaufpreis; wer wollte
aber ein Juwel deswegen, weil
es schlecht gefaßt ist, vernachläßi=
gen? Indem sah ich, daß mich
das Gebet des Mönchs glücklich
an den Ort meiner Abfahrt ge=
bracht hatte. Möchte es mir doch
eben so glücklich von ihm wieder
forthelfen! Kaum war ich aus der
Barke gestiegen, so stürzte mir
Bastian mit einem „Gott sey ge=
lobt,“ an den Hals „daß Ihnen
das Schrecken nichts geschadet
hat!“ „Was für ein Schrecken?“
fragte ich. „Nun? mit dem tol=
len Hunde,“ erwiederte er, „hier

herum muß ja wohl die Stelle
seyn, wo er, so glücklich für Sie,
mein guter Herr, noch zur rechten
Zeit den Schlag vor den Kopf
erhielt." „Hast Du Deinen verloren?" spöttelte ich und ging
meinen Weg nach dem Gasthofe
zu, ohne weiter auf sein Gewin-
sel zu hören. Hier aber begann
es von neuem: „Der ehrliche In-
valide! Welche Dienste muß er
nicht ehemals dem Vaterlande ge-
leistet — was für einen Säbel
geführt haben, da er jetzt noch
mit seiner Krücke so gut trifft!"
Ich blickte den Schwätzer mit
großen Augen an. „Sie hätten
aber auch nur" fuhr er fort „die

innige dankbare Freude des armen
Graukopfs sehen sollen, als ich
ihm nach Ihrer Anweisung das
Goldstück einhändigte." „Nach
meiner Anweisung?" fragte ich,
„Weise sie doch her!" Ich drehte
mich mit meiner Visiten - Karte
nach dem Fenster, sah mit Ver=
wunderung meine eigenhändige
Schrift vor mir, und trällerte,
um Bastianen keine Verlegenheit
merken zu lassen — Gott weiß
was für ein Liedchen — das aber
sicherlich keins zum Lobe Beziers
und der Physiognomik war, denn
— kannst Du denken! der lahme
bettelnde Soldat, dessen offenes
Gesicht mich gestern so weich

machte, hatte meine ihm zum Botenlohn verschriebene Schuld von vier und zwanzig Sous mit derselben dürren Hand, die er mir zitternd entgegenstreckte, und einer Geschicklichkeit ohne Gleichen, in so viel Livres verfälscht, die der arglose Bastian und mit tausend Freuden, wie er mir versicherte, auszahlte, ja nebenher noch eine Flasche Wein auf die Gesundheit des geretteten Menschenverstands seines armen Herrn mit dem Helden ausleerte. „Daran hast Du sehr wohl gethan!" sagte ich, — „Warum batst Du ihn nicht auch noch heute zum Abendessen, denn käme er mir jetzt unter die Augen,

ich wollte ihm wohl meine Er-
kenntlichkeit noch thätiger beweisen. Hier hast du deinen Rech-
nungs = Beleg wieder. Ich hoffe,
es soll keiner dergleichen mehr
vorkommen." „Dazu gebe ja der
Himmel seinen Segen!" seufzte
Bastian, indem er mir das Schreib-
zeug zurecht setzte.

Will ich auch des lieben Gottes
nicht weiter erwähnen, der Beziers,
das wiederhole ich dem Herrn
Hübner und Krebel zum letztem-
mal, so wenig, wie ich, zu seinem irdischen Aufenthalt wählen
wird — so wohnt doch immer ein
Statthalter von ihm, ein Bischof
da, der, dächte ich, wohl vor

allen Dingen seiner diebischen
Gemeine das siebente Gebot näher, als es das Ansehen hat,
an's Herz legen sollte, aber eben
erfahre ich vom Wirth, mit
Nebenumständen, die mich so gif-
tig machen, als wenn mich wirklich ein toller Hund inoculirt
hätte, daß der Hirte dieser räu-
digen Heerde seine schöne Terrasse
sogar, nie als einige Tage zur
Frühlingszeit in Amts - Verrich-
tungen besucht, die seine Gegenwart erfodern.

„Der Zutritt zu jenem Welt-
wunder,‟ erzählte er weiter, „wäre
zwar gegen ein Gratial jedem
Durchreisenden vergönnt, aber

nur nicht vor zehn Uhr des Morgens; so lange schlafe der gnä-
dige Herr in Paris und sein
Castellan hier." „Nun, Herr
Wirth," schrie ich ihm dagegen
in die Ohren, „so bestelle er mir
die schon einigemal recht schändlich
abgesagten Postpferde auf Morgen
desto pünctlicher mit Anbruch des
Tags, denn ich mag in diesem mir
höchst fatalen Ort keinen weiter
verlieren." Nach dieser, wie ich
glaube, deutlichen Erklärung flüchtete ich), ohne mich weiter so wenig
um ihn, als um die bischöfliche
Burg und meine verpfändeten Augen zu bekümmern, voller Bosheit ins Bette.

Beziers.

Und stehe jetzt in einer zehnmal
ärgeren — in einer wahren ruch-
losen Stimmung wieder auf, denn
ich möchte mich gern dem Teufel
übergeben, um mich von hier weg-
zubringen, wenn ich so gut Freund
mit ihm wäre, als Doctor Faust.

„Warum hätte ich denn Sie
und Ihren Cammerdiener" über-
schrie der Kerl meine Flüche, als
er nach neun Uhr vor mein Bette
trat

trat, „um nichts und wieder nichts
aus dem süßen Schlaf rütteln sollen, da, so hören Sie doch nur!
vor Nachmittags keine Postpferde
zu haben sind. Was verlieren
Sie denn dabey? Sie sind ja hier
gut aufgehoben, und können nun
die Residenz, die Bilderkammer,
den Hausschmuck und die Terrasse
von Monseigneur nach aller Bequemlichkeit besichtigen; denn ehe
Sie mit Ihrem Frühstücke und
Anzuge fertig werden, ist der
Castellan munter."

Der Mensch blieb mir unaus-
stehlich, er mochte vorbringen,
was er wollte. Ich wies ihm die
Thür, ging dreymal die Stube

auf und ab, und wiederholte, wie jener Kaiser, das A. B. C. um über meinen Ingrimm Herr zu werden. Ich ward es, und machte mich um 10 Uhr auf den Weg. Alleweile, da ich zurückkomme, ist es zwey Stunden über Mittag. Mein aufgewärmtes Essen habe ich dahin gewiesen, wo es herkam, denn ich mag nicht eher wieder essen, trinken und mich sonst nach einer Freude umsehen, als in Castelnaudari. Dort in dem trefflichsten Gasthause der ganzen französischen Monarchie, wie die Kenner behaupten, hoffe ich wieder Freundschaft mit mir selbst zu stiften und während einem herrlichen

Frühstücke Dir den Pallast, die
Terrasse, die Zimmer und Gemälde
des Bischofs und seine persönli=
chen Amtsverrichtungen so poetisch
zu beschreiben, als sie es verdie=
nen. Habe ich doch über den
heutigen halben Tag und die fol=
gende ganze Nacht zu gebieten,
um in meiner lieben heimlichen
Berline, die ich eben nach langem
Stillstand wieder begrüßen und
nicht eher, als vor dem Thore jenes
berühmten Hotels verlassen werde,
meine schönen Rückerinnerungen in
Musik zu setzen.

G 2

Castelnaudari.

Keiner von allen mir bekannt gewordenen Wegen der Welt ist
mir weniger langweilig, reißender
und ebener vorgekommen, als der
mich aus dem Fegfeuer zu Beziers
in das Paradies, das ich nun
glücklich erreicht habe, gebracht hat.

Ich ward in den funfzehen
Stunden, die mich, ungeachtet
meiner elastischen Chaise, umsonst
in den Schlaf zu wiegen suchten,

immer munterer, je mehr sich der
eine Ort entfernte, der andere
näherte. Ach wie wünsche ich
mir die drey letzten Tage zurück,
um sie meinem dermaligen freundlichen Aufenthalte zulegen zu können! Mein sinnlicher, so lange
unbefriedigter, nun desto begehr-
licherer Mensch, wie festlich wird
er nicht sein Heute verleben!

Das moralische Ich soll hoffentlich zusehen, und ihm, wie der
ältere Bruder dem jüngern, seine
kindische Freude nicht mißgönnen.

Hätte mir auch nicht Phöbus
seine abgeschnallten Flügel zum
Rückflug nach jenem Prälaten -
Sitz nur für die vergangene Nacht

G 3

geliehen, diesen Morgen gäbe ich
sie ihm ohnehin wieder; denn so
umringt von den köstlichsten Lecke-
reien, mein Tagebuch vor mir auf
einem Tische von Purpurholz liegt,
wie könnte ich mich mit einer Zeile
nur befassen, die das geringste
Nachdenken — einen Gran Men-
schenverstand mehr erforderte, als
den — eines Abschreibers.

Ich nasche bald von diesem,
bald von jenem Gerichtchen meines
auserlesenen Frühmahls, während
es meine Feder allein ist, die Dir
erzählt und den Wohlklang unver-
ändert zurücktönt, den ich unter
dem Mondschein der schnell ver-

flogenen Nacht meinem Silberstifte
einblies.

Ich zog einen großen Thaler
aus dem Beutel, um mir freien
Zugang in das geistliche Storchs-
nest zu erkaufen. Unterweges kam
mir zwar einigemal die Lust an,
ihn wieder einzustecken, und lieber
meinen Besuch dem Posthalter zu
machen, mit dem ich immerfort in
Gedanken über seine schlechten Anstalten zankte. „Bist du nicht
hier," redete ich mir ins Gewissen, „schon auf das erbärmlichste
in deinen Erwartungen getäuscht
worden, und kannst dennoch deine
Wetterfahne aufs neue dem Winde
eines Großsprechers preis geben,

G 4

der wohl nicht ohne Ursache abge=
dankt, vielleicht hoffte, mit deinem
Trinkgelde näher noch verwandt zu
werden, als er es mit dem Castel=
lan ist. Unglückliche Neugier, die,
sogar bei dem Betruge, den sie
ahndet, sich nicht abhalten läßt,
ihn aufzusuchen!" — Unter die=
sem fortwährenden Tadel eines jeden
Schritts, den ich that, erstieg ich
nichts desto weniger die Anhöhe,
stand noch eine Weile unentschlossen
vor dem verriegelten Thore, ehe
ich anklopfte. Endlich —

Verzeih' es, Freund, wenn mir jetzt ein
                gemeiner kahler
Soldatenfluch entfuhr. „Der Teufel!"
                hob ich an,

Gleich einem Corporal, der nach der
Kegelbahn
Den Rest der Löhnung trägt, „der
Teufel hohl den Thaler!"
Und schlug mit ihm an's Thor. Kaum
war es aufgethan,
So streckt' auch schon ein Kerl, der
einem trunknen Prahler
Mehr glich, als einem Kastellan,
Die hohle Hand darnach. So schnell
als er voran,
Trabt' ich nun hintennach. Mercuren
selbst, im Wandern
Geübter doch als ich, zog nicht sein
Schlangenstab
Zum Ida schneller hin, als nun Trepp'
auf Trepp' ab
Von einer Gallerie zur andern,
Bald zu des Bischofs Thron, bald zu
des Bischofs Grab

G 5

Mich dieser Unhold zog. An allem
blieb er kleben,
Was je die Pracht mit ihrem Vo-
gelleim
Bestrich, was je Geschmack und feine
Art zu leben
Der Armuth nimmt, um es dem Stolz
zu geben;
Und kein Gemach war so geheim,
Er ließ nicht ab, troz meinem Wider-
streben,
Den letzten Umhang aufzuheben.
Vorzüglich aber schien der schmucke
Bildersaal,
Sobald er ihn betrat, sein Kunstge-
fühl zu wärmen.
Die großen Worte: Ideal,
Helldunkel, Schmelz und Kraft, die
leider überall,

Von Leipzig bis Paris, uns um die
Ohren schwärmen,
Durchwirbelten die Luft, vom nächsten
Wiederhall
Zum fernsten, wie ein Feuerlärmen.
Mein Auge galt ihm nichts, es
mußte nach dem Staar
Des seinen duldsam sich bequemen,
Hier Venus und Adon für unser
Aeltern = Paar,
Dort das verbuhlte Weib des Königs
Potiphar
Für ein Marienbild zu nehmen.
Zog Herrmanns Schlacht und Sieg, von
Rubens deutsch und frey
(Gleich unsrer Nation, in halb ver=
schoßnem Lichte)
Dem Kenner ausgestellt — zog wie
ein Schandgedichte

G 6

Die Nacht des Bluts und der Verrä-
theren

Des niedrigsten gekrönter Bösewichte,
Als Gegenstück mein wüthend Auge ben;
So fragt' er mich, ob eine Weltgeschichte
Von überschwenglicherm Gewichte
    Als Galliens Annalen sen?
Zog dort auf Heinrichs Stirn das
himmlische Entzücken,
Ein Volk, das ihn verwarf, verge-
bend zu beglücken —
Zog Ludwigs *) edle Bildung hier,
Der sein ererbtes Reich, (ihn lohne
Gott dafür!)
Statt mit Trophäen es zu schmücken,
Mit festen Straßen, — schönen Brücken
Verherrlichte, des Auges Neubegier,
Auf ihre Glorie zu blicken;

   *) Ludwig der Funfzehnte, den man als
le roi des ponts et des chaussées pries.

So jauchzte mein Kompan, und sein
Gehirn kam schier
In die Gefahr sich zu verrücken;
So sagte mir sein Händedruck, wie gut
Ihm der Gedanke that, die Schelsucht
eines Deutschen
Durch den, einst nur dem Ruhm und
nur dem Heldenmuth
Geweihten Lorbeerhayn der Gallier zu
peitschen,
In dessen Schauer jetzt, abschreckend
wie die Brut,
Die nur von Moder lebt, der Ahnen-
Dünkel ruht.
Kraft seiner Eigenschaft, das Schöne
zu bemerken,
Sah er mich höhnend an, wenn ich
der Schwermuth Hang
Mich überließ, die sanft aus Pous-
sin's Meisterwerken

Dem Mitgefühl entgegen drang,
Und bot mir seine Hand, um mich
zum Uebergang

Nach Watteau's Maskenball zu stärken,
Und kroch drauf mit Lebrün dem Dra=
gonaden=Zug

Des Feldherrn nach, der, glaub' ich,
aberklug

Vom Sonnenstich, im Namen Gottes
Den Nußstrauch um die Spur der
Ketzerey befrug,

Und die sein Schwert nicht traf, mit
Wünschelruthen schlug;*)

*) Le Maréchal de Montrevel avoit
fait venir de Lyon un homme, qui devoit
découvrir les Camisards par le moyen de
la baguette divinatoire. Cette baguette
tourna sur dixhuit personnes, qui furent
amenées à Alais. Dans quel état est le
peuple, lorsque le Gouvernement emploie

Indeß von ihm gewandt, im Zauber-
kreis des Spottes
Mein Blick den Raum durchstrich, wo
Coypels Dichterflug
Die traurige Gestalt des bessern Don-
quixottes
Ins Pantheon der Narren trug.
Schon sah ich über mir den halben
Tag verschwunden
Und fiel, dem Ueberdruß der Kunst
kaum losgewunden,
Mit jedem weitern Schritt in neuen
Ueberdruß;
Denn dieser Peiniger, den mir des
Schicksals Schluß
An meine Fersen festgebunden,

les manoeuvres d'un fourbe, et que le
soupçon devient la preuve du crime?
Histoire abregée de la Ville de Ni-
mes. pag. 127.

G 8

Ach dieser Brutus meiner schönen
Stunden
Berauschte sich, wie's schien, in mei=
nem Ungenuß.
Gott, welch ein Trauerspiel! Bald
fiel es in das Grasse.
Denn, war vor Ihm in meinem
Hasse
Gleich noch so hoch kein Sterblicher
gedieh'n,
Hatt' ich doch, wie Linnee, den Tiger
in die Classe
Der Katzen nur gesetzt, und Krallen
nur verliehn.
Jetzt stieg Er schwärzer auf in meinen
Phantasien.
Denn, als nach manchem Saal, im
prächtigen Gelasse
Der Ritterzeit — nach manchem Bal=
dachin,

Die

Die Ihn so blendeten, daß er den
Hut zu ziehn

Nicht widerstand, nun endlich die
Terrasse,

Nach der ich längst geseufzt, erschien,

Denk mein Entsetzen Dir, dann erst
erkannt ich Ihn

Für Jenen, den mein Mund beym
Eintritt von der Gasse

So frevelhaft citirt. Glüht nicht dem
Satanasse

Mein Aufgeld in der Hand? Was sollt
ich thun? Entfliehn?

Zu spät, Er hielt mich fest, warf
schreckliche Vergleiche

Mir in den Weg, wies mir den Unterschied

Von mir zu seinem Herrn — geweiht
und nicht geweiht

Fürst oder nichts zu seyn — und
zeigte mir die Reiche
Der Welt. und ihre Herrlichkeit.
Leis rief ich: „Hebe dich von hinnen!
Ich gelobe
Dir nichts als meinen Fluch." Da
wirbelte die grobe
Verworfne Faust zwo Stiegen mich hinab
Zu der, dem Pallium, dem Kreuz,
dem Hirtenstab
Und Bischofshut geweihten Gar-
derobe.
Und als ich seinem Wink mich dennoch
nicht ergab,
Zog er mein schwächstes Theil, mein
Herz noch auf die Probe.
Zwey Flügel sprangen auf. Ein Duft
von Rosen brach
Aus einem Himmelbett, grün, wie
ein Laubendach,

Zu räumig nur für einen einzeln
   Christen.
„Ist hier der Hain,“ rief ich, „wo
   Amors Tauben nisten?
Wohin bin ich versetzt?“ Und der
   Versucher sprach:
„In der Prälaten Schlafgemach!“
Hier, wo die Grazien nicht nur in
   Marmor-Büsten,
Nein, Töchter auch des Lands in jung-
   fräulichem Licht
Zur Zeit der Firmelung sich ihm ent-
   gegen brüsten,
Stürzt er, wie Jupiter mit göttli-
   chem Gelüsten
Zur Ruh auf Ledens Schoos durchs
   Empyreum bricht,
Aus seinem Wolkenbett. Nach schlauer
   Uebersicht

Der holden Kinderchen, die aus dem
Schlaf ihn küßten,
(Dies ist ihr Eingangs = Zoll ins
Prälatur = Gericht)
Wählt Er ein Gänschen aus mit
Schwingen, die noch nicht
Sich so heroisch blähn, als ob sie
längst schon wüßten,
Wie sie mit wogendem, dankbarem
Gleichgewicht
Den Segen seiner Hand gerührt er=
wiedern müßten.
Je mehr ihr Wellenspiel ihm in die
Augen sticht,
Je höher schlägt sein Puls, und schnell
begeistert spricht
Sein Mund: Gegrüßt seyd mir, die
mich zuerst begrüßten,
Die keinem Laien noch, aufs Jedische
erpicht,

Ins Reich der Finsterniß den breiten
Weg versüßten.

Als Seraph's Fittige treibt mich jetzt
Hirtenpflicht,

Sie für das Paradies bischöflich aus,
zurüsten.

Zum Schwung fehlt ihnen nichts, als
etwa Unterricht

Im hohen Lied — Mein Kind, kennst
du dies Lehrgedicht?

Sie nickt. „Verstehst es auch?" Er
hört mit Wohlbehagen

Ihr kindisch Nein — er hört, daß
seit den warmen Tagen

Sie erst der Ruth' entwuchs, und
drum der Schul' entfloh,

Weil der Präceptor dort — — Sie
hab' es Scheu zu sagen,

Wenn sie im Lesebuch ein A mit
einem O

Vertau cht — „Still!" fällt er ein,
  „Laß lieber, statt zu klagen,
Mir deine Augen sehn — Scheust du
  sie aufzuschlagen,
Weil sie zu feurig sind? Ich bin ja
  nicht von Stroh."
„Nun dabey," lächelt sie, „habt Ihr
  nicht viel zu wagen."
Sie läßt drey Blicke los — nur drey,
  und lichterloh
Brennt schon sein Hirtenstab, sein
  Hermelin am Kragen,
Und Heft und Knopf an seinem
  Domino.
„Jetzt," lallt Er, „wird es Zeit, den
  Seraphs nachzujagen.
Du weißt nicht wie? Wohlan, sieh
  dich nur um, wie froh
Auf jener Schilderey ein Gänschen
  ohne Zagen

Den Götterschwan umhalst, sieh', wie
es seine zwo
Schwungfedern spreitet, um ... um
über alle Plagen
Der Welt sich stracks mit ihm in's
Paradies zu tragen,
Auf welches Mensch und Thier, gebil=
det oder roh,
Ein jedes Weltgeschöpf mit Herzen,
Kopf und Magen
Gleich hohen Anspruch hat." Erschrok=
ten fragt sie, "Wo
liegt denn — wo sucht Ihr denn das
Pa..." und sinkt im Fragen
Mit einem Laut, als säng sie ein
Adagio,
Sanft in sein Schwanenbett, wo Klü=
gere schon lagen,
Die jetzt, als Heilige, weit über andre
ragen.

H 4

„Ach Hoch — Ehr — würdger Herr,"
   stöhnt sie, „beym Salomo
Bitt ich — beschwör ich Euch — wollt
   Ihr mich denn zernagen?
Ist's möglich — Firmelt Ihr denn alle
   Mädchen so?"
Doch wird ihr Gänsgeschrey allmälig
   durch das süße
Und hohe Lied des Schwans gedämpft
   und überstimmt,
Kaum fühlt sie, wie die Welt ihr aus
   dem Blick verschwimmt,
Als sie an seinem Hals den Flug zum
   Paradiese
Nicht scheuer als ein Seraph nimmt.
   „Gott strafe den Tartüf!" rief ich.
   Durch diese Worte
Erschreckt, hob der Verführer sich
Schwarz, wie der Dampf aus einer
   Gift=Retorte,

Von mir hinweg. Zugleich umglänzte
mich
Ein Strahl von obenher. Mit Beben
zwar durchschlich
Mein Fuß die grause Burg, doch bald
an offner Pforte
Schlug ich ein Kreuz vor und entwich.

———

Wie ich athemlos in meine
Stube trat, schlug Bastian die
Hände über den Kopf zusammen.
„Ach mein Herr!" schrie er laut
auf, „was ist Ihnen begegnet?
Blaß wie eine Leiche, und die
Stirne — voller kalten Schweiß=
tropfen!" „Laß das" — schöpfte
ich nach Luft — „gut seyn — Nur
geschwind frische Wäsche und einen

H 5

andern Rock! Durchräuchere die
ausgezogenen, und mache um des
Himmels Willen, daß wir fortkom=
men! Ich habe — Gott, wie zit=
tere ich! — Ihn, dem ich mich
heute zu Deiner großen Aergerniß
mehr als einmal übergab — ja,
Bastian, ich habe den leibhaften
Teufel gesehn." "Ach lieber Herr!"
trat mir Bastian näher, "wie
könnten Sie? — — Sie waren
ja in der Wohnung eines Präla=
ten!" "Thut nichts," antwortete
ich mit heiß'rer Stimme, "den
ganzen Morgen, kannst Du mir
glauben, bin ich in seiner Gewalt
gewesen!" "Nun so erbarme
sich Gott!" jammerte der arme

Schelm, und schmiegte sich mit klappernden Zähnen so fest an mich, als ob der böse Geist hinter ihm, und er vor dem Bilde seines Schutzpatrons stände. Genug, Eduard, ich so wenig, als mein abergläubischer Kammerdiener wurden unsere Rückenschauer eher los, als da wir, von unserer fortrollenden Berline aus, die Thurmspitzen von Narbonne erblickten.

Hier erfuhr ich beym Umspannen, daß seit vier und zwanzig Stunden keine Post weder hinnoch herwärts, und auch eben so lange, gab mein Führer sein Wort dazu, kein Pferd in Beziers aus dem Stalle gekommen wäre. Ein neuer, aber überflüssiger Beweis von der Wahrheitsliebe und Redlichkeit des Ortolan = Wirths, denn seine, für nicht genossene Gerichte, für nicht getrunkene Weine mir zugeschnellte Rechnung, die ich noch warm in meiner Tasche, so wie er mein Geld dafür in der seinigen hatte, sprachen ohnehin laut genug. Aus wahrem Vaterlands = Gefühl warne ich meine Mitbürger, die etwa nach mir diese Gegend bereisen, sich ja, weder durch unsere deutschen Wegweiser — durch das anlockende Schild der Herberge — durch Fideicommisse und ehrliche Gesichter,

noch durch die bischöfliche Terrasse
zu einem längern Aufenthalt in
diesem blasphemischen Städtchen
verführen zu lassen, als etwa der
Postwechsel nöthig macht; und
besonders die Bespannung ihres
Fuhrwerks selber zu bestellen, damit sie geschwinder, als ich armer
Betrogener, in das Castell des
Wohllebens gelangen, dessen Vor-
züge vor allen andern Kosthäusern
des Reichs ich, mit Deiner Erlaubniß, stillschweigend und in
meinem Tagebuche zum erstenmal,
gleich einer zarten Empfindung,
die sich nur fühlen, aber nicht
beschreiben läßt, übergehe. Der
Ehrenmann, in der weitesten Be-

deutung des Worts, der in der
Kürze eines halben Tages der herr-
lichsten und wohlfeilsten Bewirthung
das Dankgefühl meines Daseyns
höher hinaufgetrieben hat, als alle
die Summen, die ich von Jugend
an darauf pränumerirt habe, wie
freundschaftlich greift er mir nicht,
selbst bey unserer Trennung, unter
die Arme, wie verschieden von jenem
Sudelkoch, dem die unverschämteste
Lüge glatt über die Zunge ging, um
mich noch einen Tag länger rupfen
zu können. Hier trat der Fall wirklich ein, den jener nur vorgab;
Bastian hatte sich diesmal mit
eignen Augen überzeugt, daß der
Poststall leer stände. Da trat aber

mein heutiger Wirth auf das edelste dazwischen, um die Schwierigkeit zu beseitigen, und brachte mich zugleich durch seine Vermittelung in die unverhoffte Bekanntschaft eines für mich sehr merkwürdigen Gegenstandes.

„Wenn Sie,“ sagte er, „einen geringen Umweg, und das Nachtlager auf einem Dorfe nicht zu sehr scheuen, so biete ich Ihnen meine eigenen vier tüchtigen Wallachen an — denn es sind Normänner, — die Sie auf einem viel bequemern Wege, als die Poststraße über Carcassonne ist, morgen bey guter Zeit nach Toulouse bringen sollen.“

„In Ihrem Hause, lieber Mann," antwortete ich, wie es mir ums Herz war, „wollte ich ganz geduldig selbst noch einige Tage auf die Zurückkunft der Postpferde warten; aber auf der andern Seite möchte ich doch nicht gern darüber auf bessern Weg und vier Normänner Verzicht thun. Wo meinten Sie, daß ich übernachten soll?" „In einem zwar unansehnlichen kleinen Dörfchen, das aber," erklärte er mir, „das Stammguth eines zu seiner Zeit berühmten Schriftstellers war, und auch seinen Namen führt, Montesquieu." —
Das war doch einmal ein Wort, Eduard, das sich hören ließ. Kaum

war

war es ihm über die Lippen, so
dachte ich weiter nicht an mein kör=
perliches Wohlbehagen, und nahm
seinen Vorschlag mit herzlicher
Freude an. Er verließ mich, um
sogleich Anstalt zu machen, indeß
ich meine Landcharte aus einander
schlug, und meine Augen in der
Gegend nach dem anziehenden Orte
herumschickte. Ich fand einige, als
Zollstätte, mit einer Fahne, —
andere, als bischöfliche Residenzen,
mit einem Sternchen, und einen
mit zwey sich kreuzenden Schwertern
zum Merkmal bezeichnet, daß in
seiner Nähe eine Schlacht vorgefal=
len sey; dem Ort aber, wo der
große Mann geboren war, lebte

und schrieb, hatte mein geographi-
scher Handlanger nicht einmal seinen Platz auf dem Erdboden gelas=
sen, geschweige ihn eines Ehrenzei-
chens gewürdiget. Der jovialische
Hausherr ließ mir nicht Zeit, mich
darüber lange zu ärgern. „Hier
bringe ich Ihnen," trat er ein,
„zum Abschied noch eine Flasche
des guten Weins, der auf den
Bergen zu Montesquieu reift;
sonst kauften ihn die Engelländer
aufs theuerste uns vor dem Munde
weg, aber seit dem Tode des ge=
lehrten Präsidenten fragen sie nicht
mehr darnach; jetzt steht er um die
Hälfte in Preis, ob er schon noch
immer von derselben Güte ist."

„Das thut mir leid um die Engel=
länder," sagte ich, und nahm ihm
das volle Glas ab. „Sie sollen,"
trank ich ihm die Gesundheit zu,
„zum Vergnügen aller Reisenden,
noch lange leben, Herr Wirth von
Castelnaudari! Sie wissen nicht,
wie elend es mir drey Tage nach
einander gegangen ist, ehe ich hier
ankam. Sie haben mich mit einem
einzigen Frühstück vollkommen wie=
der hergestellt, und wären Sie
nicht klüger, als meine Landcharte,
so hätte ich, wie andere, auf der
ordinairen Poststraße fortrumpeln
müssen, ohne nur zu ahnden, daß
der Geburtsort des Mannes, den
ich vor allen andern schätze und

liebe, mir auf dem Seitenwege in der Nähe lag. Wenn man von gottesvergessenen Menschen so mürbe gemacht wird, als ich in Beziers, wie empfänglich ist dann nicht unser Herz für alles Gute, das uns bessere zufließen lassen!"

Ich schüttete gegen meinen heutigen Wohlthäter alle mögliche Floskeln des Danks um so verschwenderischer aus, als er mir es in wenig Stunden von mehr als einer Seite her geworden war, und bestieg dann meine Berline mit einer gewissen stolzen Selbstzufriedenheit, da ich sie zum erstenmal mit vier prächtigen Normännern, die keinem königlichen Einzuge

Schande machen würden, bespannt
sah. Dergleichen erborgte Empfindungen halten indeß bey einem ver-
ständigen Jünglinge nicht lange an,
der die vergangene Nacht, über
gute oder schlechte Verse, ver-
wachte, einen Feldweg, wie von
grünem Sammt bezogen, vor sich,
kühlende Zephyrs im Gesicht, ein
weiches Kissen unter seinem Kopf
liegen hat, und auf Stahlfedern
sitzt. Auch war meine heutige Reise
ganz dem süßen Taumel ähnlich,
mit dem vormals das Wiegenlied
einer lieben Amme meine Kindheit
beseligte, und der nicht eher verging, als da der Kutscher Abends
sieben Uhr mit dem Zuruf: Herr,

wir sind in Montesquieu! vor einem Schindelhäuschen still hielt.

Wie lieblich schlägt solch ein Klang an jedes gute menschliche Ohr! Er erweckt, wie eine Kirchenglocke, Gedanken der Andacht — erinnert an die Veredlung unsers Geschlechts — an den wohlthätigen Geist der Gesetze — an öffentliches und häusliches Glück.

Das wohl! aber wenn man, wie hier der Fall war, nur ein verödetes, elendes Dörfchen mit solch einem Namen beprägt sieht, möchte man ihm dann nicht lieber einen aus Westphalen genommenen beylegen, der weniger stolz klänge und sich besser zu seinem Schmutz paßte?

so wie man nur zu oft in vornehmen Gesellschaften den verdorbenen Sprossen eines edeln Stammes, wo nicht vernichten, — doch umtaufen möchte. Nie hätte mir ahnden können, in dem Stammguthe des Philosophen dieses Namens einen solchen Mangel an Ordnung, Reinlichkeit und Policey, unter dem Bettlerhaufen, der ihn bewohnt, anzutreffen, als ich leider mit Augen sah. Zur Entschuldigung sagte mir zwar der alte Bauer, der hier den Wirth macht, daß dieser einst wohlhabende Ort im letzten Religions - Kriege so herunter gekommen wäre. Er sey vorher und so lange mit fleißigen,

redlichen, aber freylich calvinisti=
schen Einwohnern sehr reich besetzt
gewesen, bis die Verbreiter der
reinen Lehre alles ketzerische Unkraut
ausgerottet, Kirchen und Schulen
verbrannt und keine Hütte ver=
schont hätten, außer der seinigen,
der Einkehr und des Weinschanks
wegen. Der nachherige gelehrte
Herr des Dorfs habe sich zwar
durch Rath und That bemüht, sei=
ner verfallenen Besitzung wieder
aufzuhelfen, aber zu solch einem
Unternehmen reiche e i n Menschen=
alter nicht hin, und man könne
doch auch nicht verlangen, daß der
Nachfolger wie der Vorfahr denken
und seinen Unterthanen Frohnen

und Zehenden erlassen solle, ob es
gleich das einzige Mittel wäre, dem
Uebel ihrer drückenden Armuth zu
steuern. „So will ich Gott danken,“ fiel ich ihm in die Rede,
„daß ich in seinem, wie ich sehe,
dreyeckigen Gastzimmer,   lieber
Mann, wenigstens vor Religions-
verbreitern sicher übernachten kann,
wenn es auch vor Ratten nicht
seyn sollte. Schlafe er wohl, und
lasse er es ja meinen schönen Mieth-
pferden an nichts abgehen, i c h
bedarf nur Ruhe.“ „Ueberhaupt,“
setzte ich nun die Unterredung mit
mir allein fort, „darf ich, ohne
mich eben mit der erstiegenen Höhe
unserer Cultur breit zu machen,

doch mit frohem Herzen zu den weit niedern Stufen derselben herunterblicken, auf welchen noch vor hundert Jahren die Vorlebenden standen. Wie viele gute Köpfe haben nicht erst, entweder wegen ihres zu schwachen, oder zu starken Glaubens über das Henkerschwert springen müssen, ehe ich in dem meinigen mit Sicherheit eine freie Denkungsart herumtragen konnte. Selbst dir, guter Montesquieu, sammt deiner persischen Maske, würde es nicht besser ergangen seyn, als deinem Erbe, wenn du nicht durch den Tempel von Gnidos einen leichtern Weg zu der steilen Sorbonne und

in deinen aufgefangenen Briefen
aus dem Serail ein so bewährtes
Erweichungsmittel jener religiösen
Felsenherzen entdeckt hättest, daß
jeder, dessen Hand nur geschickt
genug ist, es aufzulegen, der weit-
läuftigen dogmatischen Prozesse mit
dem Scheiterhaufen überhoben und
gewiß seyn kann, für rechtgläubig
erkannt zu werden; denn ein Maler,
der die Entzückungen der Liebe mit
so feinen, nur desto kräftigern Farben zu schildern versieht, als du, hat
alle Bischöfe auf seiner Seite."

Es war, als ich kaum einige
Stunden der Ruhe gepflogen hatte,
zwar nur mein Camin - Schlot,
der diese Nacht durch ein Bün-

del dürrer Weinreben, die so
wenig wissen konnten, als ich,
daß er seit vielen Jahren nicht
gefegt war, in Brand gerieth.
Dies hinderte aber nicht, daß
ich den größten Theil meines schö=
nen Schlafs darüber verlor —
der Lärm im Hause mir die Hand
lähmte, da ich eben den Vorhang
eines persischen Serails zu lüften
versuchte, und mich zugleich im
selben Augenblick eine Najade,
die, leichter bedeckt, als es selbst
das erste Schrecken erlaubt, mit
ihrem Löschgeräthe in mein Zim-
merchen gestürzt kam, weiter von
Gnidos entfernte, als es einem
träumenden Jünglinge lieb ist.

Gütiger Himmel! in was für
eine wilde Wirthschaft kann man
nicht gerathen, wenn man der
Spur eines berühmten Mannes
nachgeht! Sollte denn der gelehrte
Präsident, der so große Sorge
für Monarchien trug, sein Dorf
nicht einmal mit einer Feuer-Ord-
nung beschenkt haben? Welche
erbärmliche Anstalten! Statt einer
Schlangensprütze führte man in
Prozession einen jungen Mönch
auf, der die Flamme, wie sie es
nannten, besprach, die auch nur
noch einige Minuten knisterte, sich
dann senkte und verlosch.

Während dieser geistlichen Gau-
keley trieb das Sturmglöckchen
J 7

— mißtönend wie eine blecherne
Klingel, des gaffenden nackten
Gesindels eine größere Menge
mir unter die Augen, als sie zu
ertragen vermochten; aber schon
mächtig genug, jagte der stinkende
beißende Rauch, der die Hütte
durchzog, mich und meine nor-
männischen Wallachen aus unseren
Buchten. Sie stellten sich von
selbst vor den Reisewagen, so in-
stinktmäßig, als sich mein matter
Körper hineinwarf, und schnauf-
ten, wie ich, nach reinerem Aether.
Blitzschnell drängte sich nun der
verstörte Schenkwirth herbey, forderte nicht, sondern bettelte —
erst um sechs Livres für unsere

Beherbergung — dann um drey zur Vergütung der Unruh, die mein allzufrostiges Temperament veranlaßt hätte, und noch um eben so viel für den geistlichen Beschwörer.

Mittlerweile ich diesem Bettler die Geldstücke zum Schlage heraus seiner vorgehaltenen rußigen Nachtmütze zuschleuderte, stand jener in einem so dichten weiblichen Kreis, als wären hundert alte und junge Busen an einander geschnürt, und dankte mit funkelnden Augen Gott für die sichtlich frommen Bewegungen, in die das eben geschehene Wunder sie alle, besonders die jüngern, ver=

sezt hatte. Ernſter, näher und
andächtiger, als er dieſe beſprach,
ſah' ich es ihn ſelbſt vor der
brennenden Eſſe nicht thun, und
es freute mich gar ſehr, zufällig
wieder einmal auf einen Kloſter-
bruder zu ſtoßen, der es mit der
heranwachſenden Jugend gut meint.
Der falſche Schein der Morgenröthe, die hinter einem dunkeln
Gewölke hervordämmerte und,
nach Verſicherung des Kutſchers,
den baldigen Durchbruch eines
dahinter verſteckten deſto roſigern
Tages verſpräch, breitete über
jene nächtliche Gruppe einen ſo
magiſchen Schimmer, wie ihn
Schalken ſeinem herrlichen Gemälde
der

der klugen und thörichten Jung=
frauen zu geben gewußt hat,
und lenkte meinen Scherblick auf
einen Gegenstand, der mir zu einer
ganz neuen Vergleichung verhalf.
Die Spiele der Natur, am Him=
mel und auf der Erde, sind bei
ihrer Mannigfaltigkeit so verschie=
den von einander, daß jeder Dich=
ter bemüht seyn sollte, auch den
entferntesten Berührungspunkt un=
ter ihnen aufzufassen. Eins der
blassen Mädchengesichter, die den
Wunderthäter umgaben, hatte sich
aus zu dringender Andacht seinem
langen braunen Barte so sehr ge=
nähert, daß ich diese Zierde seines
Standes eine ganze Weile für den

Schleyer des Geſichtchens nahm, das durchſchien, bis ich den optiſchen Betrug entdeckte.

Siehe, Baſtian, rief ich dann wie inſpirirt, dort iſt auch ein roſiger Tag hinter dunkeln Wolken im Durchbrechen! aber ſein proſaiſches Gehirn verſtand das Treffende meines Ausrufes nicht. Ich traue meinen Leſern höhere Gaben zu, denn wer keine Aehnlichkeit zwiſchen den Objecten, die ich hier einander gegen über ſtellte, finden könnte, müßte ſich ſchlecht auf Gleichniſſe verſtehen, keinen Wahrſagergeiſt und ſo wenig poetiſchen Sinn haben, als mein Cammerdiener. Beym Ab-

fahren warf ich noch einen launi-
gen Seitenblick auf den Geburtsort des gepriesenen Geists der
Gesetze, an dessen Stelle nur zu
sichtbar einer der schmutzigsten
Poltergeister getreten ist.

Ehrlicher Montesquieu! redete
ich seinen Schatten an, wie wenig
— ach wie so gar nicht haben die
Balsamstunden deines eingezoge-
nen Lebens, die, wunderbar genug,
auf diesem Mistbeete zur Reife
kamen, ihren eigenen Grund und
Boden veredelt und besämt! Wahr!
aber hat denn ihr Blumenfeld sich
befruchtender über die Wirthschaften ergossen, die von unser Einem

K 2

Respect fodern? Wo? — ich sehe
mich so weit um, als mich die
Augen tragen — sind denn Ab=
senker dieser Edelgewächse besser
gediehen? Schlingen sich nicht
statt dieser bescheidenen — noch
immer Gift = und Schmarozer=
Pflanzen in frechem Wachsthum
an die Schlösser der Könige, an
die Palläste der Großen, an die
Säulen und Stützen der Armen
hinauf, und tödten durch schädli=
chen Aushauch alle lebendige Kraft
der Staaten, den Muth, die
Arbeitsamkeit — die natürlichen
Rechte der Unterthanen und ihren
freyen Gehorsam für gesetzliche
Ordnung?

Stehen nicht deine lehrreichen Schriften in allen fürstlichen Museen, die ich kenne, wie vertrocknete Saamenkapseln, nur noch zur Schau da? Und wo gáb' es ein Land oder Ländchen, deſſen Minister nicht weit klüger wären als du, und um hundert Procente beſſere Regierungsplane entwerfen könnten, als die deinigen ſind? — —

Gott weiß, wie lange ich noch unter meiner Reiſemütze ſo über die Schnur gehauen hätte, wäre mir nicht, ſobald ich auf meinem geſtrigen Plätzchen wieder feſt ſaß, der Beſchwichtiger aller heilloſen Grillen — der Beſänftiger jedes

K 3

empörten Bluts — mein, von
einer bösen Stunde verscheuchter
Freund, treu, wie gewöhnlich, zu
Hülfe gekommen.

Ich vertraute meinen erschlaff-
ten Körper ihm und meinen getie-
gerten Miethlingen sorgenlos an,
die in dem Tumulte des Feuers
und Rußes nichts von ihrem an-
gestammten Muthe und gefälligen
Aeußern verloren hatten.

Der Weg, der ihnen heute
mit mir zu thun übrig blieb,
mochte wohl eben so gut und
sammetartig seyn, als der gestern
zurückgelegte.

Mit Gewißheit kann ich es
jedoch so wenig behaupten, als

der Schläfer zu meiner Linken, neben dem ich in einen so komisch- tragischen Traum verfallen lag, als mir je einer vorkam. Er, ein wilder Abkömmling meiner poli- tischen Nachtgedanken trat mit Würde einem andern voraus, der von weitem ihm nachschlich, und aus allen Elementen zusammenge- knetet keinen vornehmern Ursprung hatte, als den Bart eines Mönchs. Ich weiß wohl, daß Du der- gleichen mark - und saftlosen Er- zählungen nie hold gewesen bist, da es aber so selten glückt, daß man diesen Zerrbildern der Seele, bis zu den Nebeln ihres ersten Vordämmerns, auf die Spur

kommt, und ich ohnehin vor Son=
nenaufgang keinen klärern Stoff
zu verarbeiten habe, so mußt Du
mir schon vergeben, wenn ich Dir
den einen und den andern mit
gleicher Gesprächigkeit entwickele,
als Deine Tante die ihrigen. Es
währte vielleicht nach dem sanften
Stillstand meiner äußern Sinne
keine drey Minuten, als ich, alt=
deutsch gekleidet, mich in Gesell=
schaft der sieben Churfürsten auf
die Kaiserwahl nach Frankfurt am
Main verirrte. Im Schlaf weiß
man weder von Ceremoniel noch
Calender. Ich hielt mich, wie
Du siehst, bloß an den Codex
der güldenen Bulle, die an dieser

Zahl eben genug hatte, um sie
als Erbfeinde der sieben Todsün=
den aufschwören zu lassen. Ob
sich diese in der Folge der Zeit
in gleichem Verhältniß mit den
erstern vermehrt haben, oder ob
für die mehr entstandenen Erb-
ämter keine weiter zu erdenken
sey, ist eine Frage, deren Beant-
wortung den Lehrern der neuern
Statistik zusieht. Mir konnte sie
nicht in den Sinn kommen. Ich
fühlte nur meine glückliche Lage,
und fragte mich einmal über das
andere: Kann man wohl vorneh=
mer und sicherer reisen, als Du?

Meine Begleiter waren recht
artige, höfliche und lustige Her=

ren. Auch gelangte ich durch
ihren mächtigen Einfluß in das
Wahlgeschäfte zu einem Ehren=
posten, dessen ich mich am wenig=
sten versah. Ich stand, ganz
außer mir — rathe einmal wo?

Ich stand, geschmückt als Herold,
  nächst den Stufen
Des Kaiserstuhls an seinem Krö=
  nungstag,
Die Volksvertreter aufzurufen
  Zum neuen Ritterschlag.

Kaum ward ich laut, als mich, in
  einer fremden
Antiquen Pracht, ein großer Jun=
  ker = Troß
Mit Fahnen, Spießen, Panzerhemden
  In seine Mitte schloß.

Die Herren, vest, gestreng und frey;
    geboren,
Ergriffen mich, wie ein gemeines
    Lamm,
Und schleppten mich bey beiden Ohren
    An ihren Heldenstamm.

Was soll ich hier? schrie ich. „Hier
    sollst du sehen
Kraft deines Amts, daß wir von
    Kind zu Kind
Aecht, und aus ebenbürtgen Ehen
    Geborne Ritter sind."

Mich überfiel ein bürgerliches Grauen,
Weh dir, seufzt' ich, wenn dich dein
    Ehrenamt
Zum Tugendrichter todter Frauen
    An diesen Pfahl verdammt!

Und perlt denn wohl im Amazonen-
    Flusse
Ein Tröpfchen noch des Quells, der
    ihn ergoß?
Folgt Treue dem Verlobungskusse
Nur in ein Ritterschloß?

Drückt Amor nicht den Stempel
    edler Wappen
Manchmal in Bley? Beschien der
    Abendstern
Nicht oft schon in dem Arm des Knappen
Die Braut des Pannerherrn?

Sie prahlten fort: „Wir sind an
    Krönungstagen
Bestimmt, der Majestät uns anzu-
    reihn,
Und den Churfürstlichen Gelagen
Getreu und hold zu seyn."

„Aus Männermuth mit Weibertreu
verschmolzen,
Im reinsten Gold, das keinen Fleck
verträgt,
Hat uns die Zeit zu diesen stolzen
Schaumünzen ausgeprägt."

Mein Ohr erlag dem Schrey so
vieler Kräher,
Verdruß und Scham durchströmten
mein Gesicht,
Ich fühlte angstvoll, zum Verdreher
Der Wahrheit taug' ich nicht;

Zum Thoren nicht, der auf ein Feld
von Aehren
Jedweden Korn- und Strohhalm
Zoll für Zoll
Vergleichen, messen und gewähren,
Nur nicht enthülsen soll.

Staub nur entsteigt den treusten
Ahnenproben,
Dem ält'sten Stammbaum modriger
Geruch;
Drum wünscht' ich mein Geschäft ver=
schoben
Bis nach des Kaisers Spruch.

Mein Wunsch gelang. Denn eh' ich,
gleich der Motte,
Nur einen morschen Adelsbrief durch=
schlich,
Sah ich die Matadors der Rotte
Selbst uneins unter sich.

Blutdürstig fiel, gleich Wilden, ihr
Geschwader
Von Haut zu Haut, auf seine Vet=
tern her,

Und einer schlug dem andern Aber
Mit seinem Probespeer.

Der Erste schrie: Wer geht mir vor
an Adel?
Mein Ahnherr war bey Fürsten an=
genehm,
Mann ohne Furcht und ohne Tadel,
Wie Bayard ehedem.

Des Zweiten Schild zum höhern
Standsbeweise
Führt ihm das Jagdroß Carls des
Großen an,
Das, wie bekannt, die erste Reise
Ins Aachner Bad gethan. — *)

*) Siehe Memoires de la Curne de
Ste Palaye, nach der Uebersetzung des
Herrn Klüber im 3ten Bande pag. 146.

K 8

Doch gleich hatt' ihn aus eines Drit‐
ten Munde
Ein noch weit ältrer Ahnherr über‐
schrien,
Der saß einst an der Tafelrunde
Des Zauberers Merlin.

Den Andern blieb, so mächtig über‐
boten,
Kein Nachsatz mehr für ihre For‐
derung,
Und keiner that ins Reich der Todten
Noch einen Rittersprung.

Denn, wer es weiß, daß selbst kein
Purpur Schelme
Veredeln kann, vermeidet den Versuch
Und wünscht sich eh' statt einem
Helme
Ein ehrlich Leichentuch.

Doch

Doch kam noch mancher einzeln an=
gekrochen
Und übergab als Einlaßkarte mir
Bald einen grauen Ritterknochen,
Bald ein gemahlt Visier.

Ein Preuße schwor, von väterlicher
Seite
Hab' er auch einen Helden ausge=
spürt,
Der einst im Faustkrieg das Geleite
Von Nürenberg geführt.

Ein Schwabe rief: Ob mich schon
mancher schlaffe
Heraldicus nicht für ganz ächt er=
kennt,
Trag ich doch die antikste Waffe
Bey unserm Contingent.

Ein Hesse, der nach Mönchs = und
Nonnenkutten
Sein lahm Geschoß mit lahmer Faust
gespannt,
Vertraute mir, er sey mit Hutten
Und Berliching verwandt.

Ein Bayer wies mir seinen Helm;
den habe,
Prahlt er, mit Blut gefüllt, aus
einer Schlacht
Beym Kreuzzug nach dem heilgen Grabe
Sein Ahnherr mitgebracht.

Ein Reichsbaron frug höhnisch ihn=
und ballte
Die Faust: Bist du darum von bef=
serm Schrot
Und Korn? ⸺ ⸺ Zu beyder Glück
erschallte
Des Kaisers Machtgebot.

Legt eure Panzer ab, stellt ohne
　　　Fahnen
Vor meinen Thron euch dar und
　　　hört mich an!
Was hat dieß Heergeräth der Ahnen
　　In eurer Hand gethan?

Wer hat die Säulen unsres Reichs
　　　gestützet
Und treu dem Schwur, der ihm zum
　　　Erbtheil fiel,
Das werthe Vaterland beschützet
　　Im ernsten Waffenspiel?

Wer unternahm den Brennstoff uns-
　　　rer Zeiten,
Den Blitz des Kriegs, den Funken
　　　des Verraths
Mit treuer Einsicht abzuleiten
　　Als Genius des Staats?

Vermehrtet Ihr durch eure Helden
      namen
Des Bürgers Wohlfahrt oder seine
      Last?
Meßt euch, ob wohl in euern Rahmen
Ihr großes Vorbild paßt!

Und wißt, wer sich des deutschen
      Erbvertrages
Der Ehr' entzog, sein ihm vertrau
      tes Schwert
Verrieth, ist auch des Ehrenschlages
Des meinigen nicht werth.

Der Tapfre nur, der aufgeklärte
      Seher
Im Fürstenrath, tret, als ein ächter
      Sohn
Des Ahnherrn, unserm Throne näher
Und ernte gleichen Lohn.

Der Kaiser schwieg. Ich aber trug
          im Kreise
Der   Horchenden   sein   Aufgebot
     herum.
Schnell ward ihr Stahlgeklirre leise
Und aller Zungen stumm.

Und blieben stumm.   Doch bald ge-
          tröstet zogen
Die Junker ab, stolz, frech und auf-
     geschwellt
Von Dünsten, wie der Regenbogen,
     Der mehr verspricht, als hält.

Denn, wie dies Zeichen göttlicher
          Genade
Erst, wenn der Sturm des Land-
          manns Fleiß zerstört,
In optisch täuschender Parade
     Sich vornehm zu uns kehrt;

{ 3 }

So zeigen sie nie lieber sich gerüstet
Und brüstender mit ihrer Ahnen
Muth,
Als bis das Land, vom Feind ver-
wüstet,
Statt ihrer Buße thut.

Nicht Einer war so sehr um sich
verlegen,
Daß er sich nicht hinaus zum Rit-
tersaal
Trotz lachend, wie die Kinder pflegen,
Zu seinen Bauern stahl.

Bald jauchzt er dort, daß ohne Ihn
der Schrecken
Des Dorfs verflog, das den Gestren-
gen nährt,
Und, wo nicht Ihn, doch Helm und
Decken
Des edeln Vorfahrs ehrt.

Ich sah mich um, und da ich keinen
weiser
Und tapferer als meinen Schat‐
ten sah,
Rief ich erstaunt wie unser Kaiser:
Ist denn kein Dalberg da?

Kaum flog dies Wort des Jammers
von der Lippe,
So schien es mir, es trät' in Trau‐
erflor
Der Vorzeit drohendes Gerippe
Aus seiner Gruft hervor.

An Helden leer, an Redlichen noch
leerer,
Schien mir der Staat nur einer
Wüste gleich,
Sein Glanz ging unter, und der Mehrer
Des Reichs fiel wie das Reich.

Den Boden, der sonst einen Kranz
von Eichen
Und Lorbern trug, bedeckte dürrer
Sand,
Auf dem nur noch als Todeszeichen
Die Thränenwaide stand.

Blaß blickt' ich, wie ein Monument
beym Flimmern
Des Nordlichts in ein weit gedehn=
tes Grab,
Und warf zuletzt zu jenen Trümmern
Auch meinen Heroldsstab.

———

Sobald mein Ohr — denn
darauf kam alles an — sein ver=
schobenes Kissen wieder gefunden
hatte, vernahm es von diesem
gräu-

gräulichen Lärm der Verwüstung
keinen Laut mehr. Meine gedrückte
Seele lüftete sich, hüpfte leicht,
wie eine Grille, über den kostbaren
Schutt und über das ungebühr=
liche Schattenbild hinweg, das
so sehr die edle Kaste beleidigt
hatte, der anzugehören von Kin=
desbeinen an mein Stolz war.
Flucht war hier das Beste, denn
ungerechnet daß schon seine bür=
gerliche Abkunft mein Ritter=
schwert in der Scheide zurück hielt,
wäre es auch überdies ein Don=
quichotten = Streich gewesen, mich
mit meinem eigenen Traume zu
schlagen. Das Vorgefühl der
erwachten Natur pickelte mir an die

geschlossenen Augenlieder, öffnete
aber, wie es schien, nur die
kleinste Fallthüre ihres weitläuf=
tigen Tempels, aus welchem mir
die heiterste Morgenerscheinung in
jener schlanken weiblichen Gestalt
entgegen schwebte, die meinen Geist
so gerne besucht, wenn er träumt.
„O Du kommst wie gerufen, liebe
Julie!" faßte ich sie bei der Hand,
„denn eben will ich eins der Phä=
nomene belauschen, deren Du
schon manche im Stillen mit mir
bewundert hast. Sieh' nur, liebe
Kleine, wie kindisch die himmlische
Aurora sich wendet und sträubt,
ehe sie dem ungeduldigen Tage ihre
weißen Lilien Preis giebt. Ich)

möchte wohl wissen, ob jenes jugendlich blaſſe Landmädchen in dieſem Augenblicke nicht auch" — — Es war wohl kein Wunder, daß Sie — die ich ſchon wachend mit der Morgenröthe verglichen hatte, mir zwey Stunden nachher im Traume und gerade ſo wieder vor die Augen trat, wie ich ſie auf einem der vorigen Blätter ſtehen ließ. Daß ich aber auch nicht einmal nöthig hatte, es meiner Zuhörerin vorzuleſen, um mich ihr verſtändlich zu machen, läßt ſich wohl ſehr gut, glaube ich, durch das, was ſchon ſo vieles ins Klare geſetzt hat — durch den, allen Fantomen eigenen electriſchen Zu=

sammenhang mit unserer Maschine erklären.

Ihm sey, wie ihm wolle; genug das meinige war so voll= ständig als ich, Du und meine übrigen Leser mit der nächtlichen Situation der Dorfschöne bekannt, und wäre es nun nicht sehr albern von mir gewesen, in Gegenwart einer Dame, die doch auch nur mit Aether bekleidet war, darüber zu spötteln? Es ward mir viel weniger schwer, der Unschuld das Wort zu reden, und den Mönch zu entschuldigen. „Wenn solch einem, aus den ersten Schlaf auf= geschreckten Kinde, dem Anschein nach von funfzehn hiesigen Jahren,

auf einmal ein nie gesehenes bär-
tiges Meteor aus einem heiligen
Hause in den Gesichtskreis tritt,
meinst du nicht auch, gute Julie,
daß es über seinem eigenen Erst-
lings - Erstaunen leicht übersehen
kann, wie hingegeben es einem
andern, eben so neugierigen bloß
stehet, und würde nicht selbst ein
warnender Wink, den ein erfahr-
ner Moralist der Unbefangenen
zuwürfe, weit mehr Unheil anrichten, als Gutes?" Meine luftige
Freundin lächelte mir Beyfall zu.
„Dir aber besonders," fuhr ich
in männlicher Begeisterung fort,
„Dir armen nur bis zu Sonnen-
Aufgang Deinem Kerker entlasse-

nen Jüngling, Dir gönne ich
vollends die vorüberfliegende Freude
des Anschauens von ganzem Herzen.
Ich würde eher den Kopf dazu schüt-
teln, wenn Du, wie Tartüffe während seinem Sermon, Deiner Zuhörerin ein dichteres Halstuch umhän-
gen wolltest, als Dein Bart ist."

„Wirf immer Deine entfesselten
Neulings = Blicke, so weit ihnen
der Horizont offen steht, auf jene
Höhen und Tiefen des paradiesischen
Freistaats, in die reitzende Gegend,
die sich Dir, ohne eine Feuersbrunst
bei Nacht, ohne Deine beneidens=
werthe Gabe des Löschens, — ach,
die sich Dir nie würde entdeckt haben, hätte nicht mein Glaube an

einen großen Namen mich bis an
den Krater eines ungekehrten Ka=
mins verirrt."

„Die beste Entschuldigung des
armen Mönchs, liebe Julie, liegt
in meinem Herzen und in Deinem
Busen. Jener, der auch ihm so
jugendlich unter Staub und Asche
entgegen wallte, erschien ihm als
die reinste Perle, die in der gro=
ßen Schnur, die ihn umgab, alle
andere verdunkelte. Sie war der
einzige Brennpunkt, der, was
ganz besonders für ihn spricht,
nur seine zerstreuten Blicke und
das braune seidene Gewebe anzog,
das über seine Brust herabfloß,
und dem er unmöglich wehren

L 8

konnte, um eine andere zu spielen, die weicher, lockender, erhabener und ihm tausendmal lieber war, als sein Kinn. Es steht zu hoffen, daß der arme Klosterbruder sich seines Funds mit desto beseelterm Gefühl werde gefreut haben, je länger die Trauer um ihn seyn wird, in die ich ihn jetzt im Geist zurücktreten sehe. Ich begleite ihn mit wahrem Mitleiden. Das Bild, das mich selbst im Traume so angenehm beunruhigt, wird ihn in alle Betstühle und Capellen verfolgen. Er wird glauben, er habe, wie gewisse Insecten, nur eine Stunde gelebt. Welch ein leidiger Trost für ein menschliches Herz!"

,,Ach,

„Ach, theurer Schatten!" drückte
ich ihr mit diesen Worten einen
zwar nur getraumten, aber warmen Kuß auf die Hand, „wie
wenig, ich fühle es nur zu sehr,
ersetzt die geistige Beschauung eines
ehemals genossenen Glücks seinen
Verlust!" Das schöne Fantom zitterte, seufzte, errötete und ver-
schwand.

Meine Blicke folgten ihm nach
bis unter die Sterne und Wan-
delsterne. Da ich aber dort weder sie, noch ein anderes Mädchen fand, das mir zuhören konnte,
klammerte ich mich, wie ein aus-
gemachter Schwätzer, an den ersten,
besten Gegenstand, der mir auf-

M

stieß. Könnte, redete ich in die
Luft, einer von Euch. Cometen
denken und fühlen, und weiß ich
denn, ob er es nicht kann? und
ich setze den möglichen Fall, es
begegnete ihm auf seiner regellosen
Bahn zum erstenmal die volle
Scheibe des Monds — welcher
von unsern moralischen Zeichen-
deutern dürfte ihm einen schärfern
Text lesen, als der meinige ist,
wenn er überwältigt von süßem
Gefühl und bis in seinen brennenden Schweif erschüttert, den
kleinen lieblichen Wunderball so
lange anstaunte, als er wolkenlos
unter ihm schwebt? Wer möchte
ihn tadeln, wenn er die Secula,

die seiner leiblichen Beschauung
die Wiederkehr verbieten, so tief
in den Abgrund des ewigen Nichts
verwünschte, als wahrscheinlich der
junge Mönch die Schaarwächter
seiner Clausur, und als ich, fuhr
ich fort und blinzelte nach dem
Lichte, den Mörder verwünschen
würde, der mich jetzt meiner Seh-
kraft beraubte. Denn bei dem
wachen Bewußtseyn, mit dem ich
endlich an meinen Schreibtisch
gelangt bin, und spöttisch auf die
erbärmliche Kleinigkeit herabsehe,
die meinen unsterblichen Geist über
eine Stunde beschäftigen konnte,
schwöre ich Dir zu, lieber Eduard,
daß, in so viele poetische Gleich-

niſſe ſich auch mein Traum über
die Zufriedenheit der beiden Au=
gen = Paare verbreitet hat, die
vergangene Nacht an einander ge=
riethen, ich mir doch zu behaup=
ten getraue, daß keines von ihnen
herrlicher überraſcht und in gleich
hohem Grade glücklich ſeyn konnte,
als es die meinigen waren, als
ſie nun der erſte Stral der Sonne
aufzog. Eine ganze Weile glaubte
ich noch fortzuträumen. Mir war,
als ſey ich in einen vornehmen
engliſchen Park verſetzt, in wel=
chem blühende Bäume mit friſch
begoſſenem Raſen, das Blöken
der Lämmer mit fröhlichen Sing-
ſtimmen abwechſelten, die aus

unzählichen Vogelhäusern wirbel-
ten. Meine geborgten norrmän-
nischen Füße, die, wie Räder einer
Wassermühle, mir keine Secunde
Zeit ließen, nur einen der vorbei-
strömenden Gegenstände fest zu
halten, verwickelten meine Sinne
noch mehr in ihren Irrthum.
In der süßesten Betäubung fing
ich zu lallen an:

Welch holdes Traumgesicht, welch
    unabsehlich freyes
Mit Segen überströmtes Land!
Lob sey dem Herrn, der mir dies
    Bild des Mayes
Auf meinen Schlaf herabgesandt!
Doch nein, ich bin erwacht, ich seh'
    erstaunt im Glanze

Des Morgens, den mein Auge grüßt,
Wie die Natur mit einem Kranze
Zu einem wahren Hochzeittanze
    Zahllose Wachende umschließt.
Hier laden tausendfache Sprossen,
In süßer Hoffnung zum Gedeihn,
Des Lebens traute Mitgenossen
Von einem Fest zum andern ein.
Um mich herum, auf jungen Aesten
Beblümter Stauden schaukelt sich
Ein muntres Heer von bunten Gästen,
Die ein geheimer Hang nach Westen
Aus Norden gängelte, wie mich.
In diesem heiligen Gewühle
Unschuldger Freuden, o wie rein
Und selig müssen die Gefühle
Der Hirten dieser Fluren seyn!—

Doch die Thürme von Toulouse
Schimmern meinen Augen schon,

Und das Harfenspiel der Muse
Fällt in einen Trauer-Ton.

Rücksicht ins Vergangne störet
Ihre frohe Phantasey,
Zitternd horcht sie auf und höret,
Calas, Deines Bluts Geschrey.

Hilft in schwarzem Traum dem
biedern
Matten Greis im Mitleid flehn,
Sieht ihn mit zermalmten Gliedern
Seines Todes Kampf bestehn.

Siehet Blut die Gattin weinen,
Blut bei jedem Keulenschlag,
Dem, als Bein von ihren Beinen,
Ihr Vertrauter unterlag.

Zählet der Verwaißten Thränen
Und des kindlichen Gefühls
Volle Pulse bey den Scenen
Dieses graffen Trauerspiels.

Thron des Aberglaubens! Wehe
Deinem rauchenden Altar,
Bis der Greis verjüngt erstehe,
Der Dein Todtenopfer war;

Bis Gott zu den Flammenstufen
Seines ernsten Richterstuhls
Auch den letzten vorgerufen
Deiner frechen Capitouls.

Und Du, Dulder, ihrer Strafen,
Wann Du längst der Erde Last,
Alle Menschenangst verschlafen
Und den Traum gesegnet hast;

Wann zu jenem großen Tage
Die Erforschungsstunde schlägt,
Die auf unberührter Wage
Deiner Unschuld Leiden wägt;

Und dann fern von Dir Voltaire
Muthlos bangt, indeß Dein Licht
Strahlen wirft, ach, dann verkläre
Auch ein Stral sein Angesicht!

Anwald in der großen Sache
Der beleidigten Natur,
Schwur er deinen Mördern Rache,
Und hielt seinen edlen Schwur.

Rief die Weisen auf, zu streiten
Gegen Priester, Wuth und Wahn,
Und schlug mächtig an die Saiten
Aller bessern Herzen an.

M 5

Er verwandelte in Ehre
Deine Schmach, und schaffte Ruh
Deiner Asche. Dafür kehre
Gott auch ihm sein Antlitz zu!

Dafür werde seiner Ränke
Nicht gedacht! Der Cherubim
Himmlischer Vergebung schwenke
Seine Fahne über ihm!

Toulouse.

Diese trüben Gedanken begleite=
ten mich in den Gasthof, wo ich
einkehrte, der von unten bis unter
das Dach mit allen Lockungen der
Sinnlichkeit versehen, nicht um=
sonst dem stolzen Capitolium gerade
gegen über lag, denn eine, der
vielen, Trepp auf, Trepp ab, wie
Liebesgötter in einem Venustem=
pel, herumschwebenden Aufwärterin=
nen, die mich anwieß, erzählte

M 6

mir, die Herren Capitouls früh=
stückten gewöhnlich hier, ehe sie
zum Gericht gingen. „Das ist
keine üble Gewohnheit," antwor=
tete ich, „denn nichts stimmt mensch=
liche Herzen mehr zum Mitleid
für andere, als eigener Lebensge=
nuß, und für den scheint mir in
diesem Hause vortrefflich gesorgt.
So eingerichtet war es wohl noch
nicht, als Calas gerädert wurde?"
„O nein," sagte sie, „damals war
der Platz noch unbebaut und ge=
hörte, glaub' ich, der schwarzen
Brüderschaft zu."

„Wohl Schade!" erwiederte ich,
„denn hätte eine so weise Schwe=
sterschaft, als ich jetzt hier ver=

einigt finde, den Frühstücken seiner
Richter vorgestanden, die Mehrheit der Stimmen wäre gewiß zu
seiner Lossprechung ausgefallen."
Sie lächelte bedeutend und fragte
nur noch, ob ich hier übernachten
würde? Ich zuckte mit den Achseln. „Nicht wohl," sagte ich,
„denn ich gedenke mit der Was-
serdiligence nach Bourdeaux abzu-
gehen. Wie lange habe ich da
noch Zeit?"

„Ungefähr zwey Stunden,"
berechnete sie und entschlüpfte.

Vor allen schickte ich nun
Bastianen dahin ab, um Plätze
für uns und meinen Wagen zu

bestellen, verriegelte darauf mein
Zimmer, um ohne weitere Stö-
rung meine heutigen Morgenge-
danken so warm niederzuschrei-
ben, als sie mir auf dem Herzen
lagen. Ich setzte mich neben ein
offenes Erkerfenster, aus welchem
mir der majestätische Pallast jener
Mordgehülfen gerade vor den
Augen lag. Dieser zweckmäßige
Standpunkt meines Schreibtisches,
konnte ich doch wohl glauben,
würde mich über meine gewöhn-
liche Darstellungsgabe erheben;
als ich aber das beschriebene Blatt
überlas — wie kraftlos kamen mir
die Abdrücke meiner innern Empfindungen vor. Ich blickte ver-

drüßlich weg, fing mich an vor
meinen Lesern zu schämen, und
wollte eben, um mich mehr zu
befeuern, wie sich gewisse Schau-
spieler heimlich in den Arm knei-
pen, wenn ihre Rolle Ausdruck
des Schmerzes verlangt, nach der
grassen eisernen Kerkerthür hinse-
hen, aus der man den matten,
schuldlosen, siebenzigjährigen Greis
zum Richtplatz geschleppt hat; als
mich ein ungestümes herrisches
Klopfen nach der meinigen hinzog.
Das ist doch ein höchst unbeschei=
denes Benehmen, fuhr ich laut
auf, denn wie konnte ich mir ein=
bilden, daß es Pocher gäbe, die
das Recht dazu hätten, ohne für

M 8

grob gehalten zu werden, bis es
mir ein Mann zeigte, der, schwarz
gekleidet, mit fliegenden Haaren
hereintrat und mir durch das
Schreckenswort de par le roi,
das alles gleich macht, meine
Glieder lähmte. Die Feder, die
ich noch naß in der Hand hielt,
entfiel mir, und ich habe erst einige
zwanzig oder dreißig Meilen dar=
nach reifen und das Gebiet einer
fremden Macht gewinnen müssen,
ehe ich ihr heute wieder ihren
freien Lauf lassen konnte.

Auf meine ehrerbietige Frage:
was zu feinem und des Königs
Befehl sey? antwortete er befeh-
lend: „Gedulden Sie Sich!‟

Noch

Noch war ich weit entfernt, zu
muthmaßen, daß es meine Bagage
wäre, auf die er mich warten
ließe, bis ich sie von vier Lastträ-
gern ihm vor die Füße setzen sah.
Nächst ihnen traten zwey andere,
eben so schwarze ominöse Figuren,
mit Federn hinter den Ohren herein, als ob sie mir an der Fort-
setzung meines Tagebuchs helfen
wollten. Ach sie haben es nur zu
gewiß durch den traurigen Bericht
gethan, den ich Dir, lieber theil-
nehmender Freund, über die bösen
Stunden abzulegen habe, die mir
ihre werthe Bekanntschaft verur-
sacht hat. Derjenige, dem ich
den ersten Schrecken verdanke, und

N

ter auch), den andern gegen über, den obersten Platz an meinem Schreibtische einnahm, belehrte mich nun mit gerichtlichem Anstand, daß sie — und ich glaubte in die Erde zu verſinken — Capitouls, und beauftragt wären, mich über gewiſſe Artikel zu vernehmen. Was mögen das für welche ſeyn? dachte ich zitternd nach. Unmöglich können doch die Herren von ihrem Richthaus herüber durch das Fenſter erſpäht haben, was ich ſchrieb; Gott gebe nur, daß ſie es jetzt nicht entdecken, und ich hätte für keinen Preis einen Blick auf den heutigen Heft meiner Handſchrift geworfen, der auf das

unverschämteste neben dem Vor=
sitzenden lag, um ihn nicht auf
die Spur meines Anathems zu
bringen. Der Mann am Proto=
koll lauerte und jener begann sei=
nen Vortrag: „Sie werden, mein
Herr, im Namen des Königs
zum wahren Geständniß aufgefor=
dert — wer Sie sind und was
die Absicht Ihrer Bereisung seines
Reichs ist?" Diese königliche Neu=
gier könnte mich nun wohl in
keine Verlegenheit setzen. Ich
antworte frisch weg: „Ich bin
einer der getreuesten Unterthanen
Friedrichs, wenn Sie erlauben —
des Großen, ein Berliner, so=
wohl meiner Geburt, als Krank=

heit nach, die mich viele schwer-
müthige Jahre hindurch am Ver-
dauen und Lachen verhindert hat.
Die dortigen Aerzte haben mich
in die mittägliche glückliche Pro-
vinz Ihres Königs, den Feldhüh-
nern, Ortolanen und was sie sonst
noch etwan meiner Diät für zuträglich hielten, besonders aber
der guten Laune nachgeschickt, die
in deutschen Apotheken nicht offi-
ciell ist. Die Cur ist mir vortrefflich bekommen. Ich kann jetzt
die leckersten Bissen vertragen und
die Stimmung meines Gemüths
hat sich über alle Erwartung ver-
bessert, so daß ich alles wiederum
meiner Jugend gemäß, ja sogar —

sage ich, jedoch mit schuldiger Ehrerbietung — mein heutiges Verhör nur auf der lachenden Seite betrachte. Protocolliren Sie, mein Herr, daß ich meine frohe Herstellung ganz allein der großmüthigsten, liebenswürdigsten, scherzhaftesten und tolerantesten Nation der Welt verdanke."

„Haben Sie bei Ihrer Ge- sundheits = Reise sonst keine Ne- benabsicht gehabt?" fuhr der Prä- sident mit einer kleinen Verbeu- gung für mein Compliment — und ich um vieles beherzter gegen ihn fort: „Nur noch eine, die ich aber nicht erreicht habe." „Welche war diese?" „Die Verbesserung

meines Verstandes und Herzens."
„Das ist wohl nur Scherz, mein
Herr, vor Gericht jedoch sehr zur
Unzeit angebracht." Ich bückte mich
für seinen schmeichelhaften Verweis
eben so bescheiden, als er vorhin
bei meinem Lobe auf die französi=
sche Nation. „Sind Sie nicht
auch vor kurzem in dem Kloster
zu Contignac gewesen?" Hier
schoß mir das Blatt, doch war
ich nicht einfältig genug, es zu
läugnen. „Was hat Sie zur
Reise dahin veranlaßt?" „Indi=
gestion." Der Examinator blickte
mir ernst ins Gesicht. „Und,"
setzte ich geschwind hinzu; „die
ungestümen Bitten meines ehema-

ligen Zeichenmeisters, der die un=
erreichbare Notredame de graces
zu copiren versuchen wollte.'' ,,Wie
lange verweilten Sie im Kloster?''
,,Von einigen Frühstunden an bis
kurz nach dem Mittag, als der
Stümper mit seiner Abzeichnung
fertig war.'' So wechselten unschul=
dige und verfängliche Fragen, an=
derthalb Bogen durch, mit einander
ab, bis mein Tauschhandel mit
dem Pater Andree klar am Tage
lag. Die Deputirten waren von
meiner kalten Küche, der Berau=
schung meiner Gäste, unserer un=
klösterlichen Lustigkeit, kurz von
allem bis auf die Zahl der Fla=
schen unterrichtet, die wir geleert,

und der vollen, die ich außerdem
noch dem ehrlichen Pater auf den
Gaſtwirth zu Marſeille angewie-
ſen hatte. Die folgende Frage:
„Ob ich nicht wichtige Urkunden
dagegen bekommen?“ zog mir beinahe die Kehle zu, doch erholte
ich mich nach einem kleinen Hüſteln.
„Das ich nicht wüßte. Der
Mönch zwar, — — der mit einem
Heiligen verwandt ſeyn will, machte
mir, ſeiner Einbildung nach, ein
bedeutendes Geſchenk mit deſſen
gedruckter Legende, und gab mir
noch eine Rolle ganz unleſerlicher
Belege darein. Es iſt die Frage,
ob ſie mein Bedienter nur mit
eingepackt hat.“ „Und zwar die

entscheidendste von allen," entgegnete der Vorsitzende mit einem
ernsten, recht häßlichen Blick,
„denn außerdem müßte sein Herr
sich gefallen lassen, so lange hier
unter strenger Aufsicht zu bleiben,
bis sie beigeschafft wären."

Jetzt ward Bastian gerufen;
dem befahlen sie, Koffer und
Kästen zu öffnen, und das, was
sie enthielten, ihnen stückweis vor
Augen zu legen. Der Kerl benahm sich so außer Fassung dabey,
als wenn der Teufel von Beziers
hinter ihm stünde. Ich sah mich
genöthigt, den Handlanger zwischen ihm und den Deputirten zu
machen, damit sie nur nicht sein

verstörtes Gesicht, dem ich selbst
in diesem Augenblick die schwersten
Verbrechen hätte zutrauen können,
bemerken möchten.

Sobald die Rolle mit den
heiligen Documenten zum Vor-
schein kam, recognoscirte und über-
reichte ich sie den Bevollmächtig-
ten. Ungefordert legte ich ihnen
auch meine Rechnungen und andern Papiere vor, um mich recht
weiß zu brennen. Dank meiner
gelehrten Hand! Bey dem flüchtigen Blick, den einer der Bei-
sitzer darauf warf, übersah er so=
gar meinen Contract mit dem
Glaser der Bastille, der mir doch

ein ſichtbares Herzklopfen verur=
ſachte, als ich ſeiner anſichtig
ward. Sie hielten ſich ganz allein
an die Rolle des Pater Andree,
gaben ihr, ohne ſie zu entwickeln,
einen neuen Umſchlag, den ſie
mit ihren drey Petſchaften verſie-
gelten und mich anwieſen, als
Zeichen, daß ich den königlichen
Willen nach Ehre und Gewiſſen
befolgt habe, meinen offenen
Ritterhelm darneben zu drücken.
Ich ſah die Sache nun für ge=
endigt an. Schon hatten die
Commiſſairs Baſtianen erlaubt,
meine Habſeligkeiten wieder an
ihren Ort zu bringen, und ich
wollte ihm mit den glücklich ab=

gefertigten Papieren mehrerer Sicherheit wegen eben mein Tagebuch noch zureichen, als der
jüngste Deputirte — denke Dir,
wie mir zu Muthe ward — es
unterweges mit der Erklärung an-
hielt: Er habe sich lange in Wien
aufgehalten und wolle doch sehen,
ob er Deutsch noch so fertig lesen
könne, als ehemals. Glück über
Glück, daß er nicht lange suchte,
und etwan die niedlichen Bruch-
stücke aus dem Briefwechsel der
Königin Anna mit ihrem Liebhaber aufstörte. Was würden die
Herren von meinem Ritterhelm
gedacht haben, wenn sie jene Abschriften gefunden hätten! Gott

sen gelobt, daß er sich nur mit dem letzten Heft beschäftigte, nicht etwan weil es für mich weniger gefährlich — ach im Gegentheil! sondern weil der poetische Fluch auf ihn und seines Gleichen, den er vor den Augen hatte, kein Wiener Deutsch war.

Er starrte das Blatt einige Minuten an und legte es mit einem „Nicht wahr ein Wäsch-zettel?" zu den übrigen. Wer war froher als ich! Hinter mir hörte ich ein Kofferschloß nach dem andern zuschnappen, und der Vorsitzende entließ meinen Cammerdiener mit einem gebieterischen Wink nach der Thüre, den er

sich nicht zweimal geben ließ.
Mir aber ging es noch nicht so
gut. Ich mußte noch zur Schluß-
formel meines Verhörs die Tortur seiner Beredtsamkeit aushalten.
„Mein Herr,‟ wendete er sich
mit Würde zu mir, „Ihro aller-
christlichste Majestät erlauben zwar
großmüthigst jedem Fremden,
Ihre Staaten zu bereisen, gön-
nen ihm gerne die Luft —
den gesellschaftlichen Umgang und
die fröhlichste Theilnahme an
den physischen und moralischen
Vorzügen Ihres Reichs. — Sie
werden aber hoffentlich selbst
begreifen, mein Herr, daß diese
Vergünstigung sich nicht bis

auf die Ausfuhr und Entwendung
alter Urkunden und Briefschaften
erstrecket und erstrecken kann.
Das Unvorsätzliche — das Ungefähr, wie ich glauben will, wo-
durch sie Ihnen in die Hände
geriethen — indem Ihre ad pro-
tocollum gegebene Erläuterung
dieser verwickelten Sache mit der
uns mitgetheilten Aussage des
Pater Andree zur Genüge über-
einstimmt — kommt Ihnen in
so weit zu Statten, mein Herr,
daß Ihr sonderbarer Tauschhandel
mit ihm, den Wir von Gerichts
wegen, unter Vorbehalt Ihres
Regresses an jenen Trunkenbold,
für null und nichtig erklären, we-

niger auffällt. Die Willfährig-
keit und gute Art, die Sie bey
der Zurückgabe der zum Leben
des heiligen Fiacres gehörigen
Belege bewiesen haben, wird Zweifels ohne den hohen Senat vermögen, Sie, als eine keinem
weiteren Verdachte unterworfene
Person, frey zu lassen." Hier
ward der Redner durch den Eintritt dreyer weiblicher Engel unterbrochen, die jedem der Herren,
wahrscheinlich zur Stärkung in
ihrem Berufsgeschäft, eine Tasse
Chocolate überreichten. Während
sie solche einschlürften, durfte ich
ja wohl diesen unerwarteten Zwi-
schenact zu dem Vergnügen benu-
ßen,

ßen, einer Hebe um die andere
auf das tiefste in die Augen zu
sehen.

Als sie abtraten, blißten
ihnen die meinigen noch so fun-
kelnd nach, daß der Herr Vorsitzende seine Stimme erheben
mußte, um meine Aufmerksamkeit
wieder auf sich zu lenken. „Zwar,“
diese Sylbe schob er vorerst ein,
als er den abgerissenen Faden
seines Vortrags auffaßte, „zwar
frey zu lassen; jedoch wird zugleich
einstimmig von Uns verlangt, daß
Sie, mein Herr, je eher, je lieber, und sobald ich Ihnen den
Paß zuschicken werde, Ihre Abreise von hier beschleunigen“ —

Warum denn eben das? dachte
ich. O Herr Präsident, seyn Sie
ruhig, Ihre schönen Mädchen
hätten mich ohnehin nicht aufgehalten — „zu der wir übrigens
insgesammt," endigte er seine
Rede, „Ihnen von Herzen alles
erforderliche Glück wünschen."
Ich würde gern zu der Feierlich-
keit gelacht haben, mit der er die
Sitzung aufhob, hätte sie mich
nicht um alles gebracht, was mir
noch einigermaßen meinen Ausflug
über die Grenze zu einer nützlichen
merkwürdigen Reise stempeln konnte.
Jetzt bringe ich meinen Landsleu-
ten doch in der Gotteswelt nichts
mit, das der Mühe lohnte. Wel-

cher Leser wird an meine historische wichtige Entdeckung glauben,
da ich sie mit keinem Original-
Document zu belegen vermag.
Mein Wort? Das Vidimus meiner eigenen Abschriften? Ja! damit darf man einem deutschen Gelehrten wohl kommen. — Indeß
wär' ich doch heilfroh gewesen,
als ich den Blutrichtern des armen Calas nun über die Gasse
nachsah — hätte ihre Bekanntschaft meiner Einbildungskraft nicht
Schattenbilder zurückgelassen, die
beinahe noch fürchterlicher waren,
als sie selbst. Was kann noch
aus dir werden, fing ich schauer-
lich zu berechnen an, wenn die

O 2

Mehrheit der Stimmen dir dein Absolutorium verweigerte — wenn die ältern Capitouls, klüger als die abgegangenen jüngern, auf den natürlichen Einfall geriethen, deine Aussage mit deinem Tagebuche zu vergleichen, wenn sie es einem Translator, der Oden nicht für Wäschzettel nimmt, übergäben, du in deinem Jammer, so lange bis es in französischer Sprache eben so geradebrecht wäre, als ihr Homer, warten, und nachher, Gott erbarme sich! alle die Stellen verantworten müßtest, deren sie nur zu viele, als criminell, oder als unverständlich, mit rother Tinte anstreichen würden. Ver-

wünscht sey der Prior zu Contignac mit seinen Conventualen!
denn nur sie, die nicht mittran-
ken, nur ihr Neid über ein Geschenk, an dem sie keinen Theil
hatten, können allein diese Ver-
rätherei an dir und dem lustigen
Pater Andree begangen haben.
O die heillosen Mönche! Mitten
in diesem Selbstgespräch vermehrte
ein Gerichtsbothe, der dazwischen
trat, mein Herzklopfen, ehe ich
sah, daß es der liebe erwartete
Erlaubnißschein zu meiner Abreise
war, den er mir einhändigte.

Der große Thaler, den ich
ihm für seinen Gang in die Hand

drückte, ging ungleich leichter von
mir, als jener, den ich dem teuf-
lischen Castellan zu Beziers opferte.
Meine Freude war aber nur au-
genblicklich. Unter allen Bewegungen der Seele ist keine, die
der Phantasie mehr zu schaffen
macht — einem männlichen Geiste
überlästiger, mit einem Worte
keine, die demüthigender, alber-
ner und peinigender ist, als die
Furcht. Mir kamen die schau-
derhaftesten Beyspiele aus einer
Menge Criminalacten wie zugeflogen, an die ich sonst in meiner
Unschuld gar nicht zu denken gewohnt bin, und meinem Zustande
doch jetzt so anpassend fand, als

ein eingebildeter Kranke graſſe Sectionsgeſchichten dem ſeinigen.

· Ich überlas meinen Freypaß wohl zehnmal mit äußerſtem Mißtrauen. Jeder Punkt und Strich, den ein Unbefangener gar nicht bemerkt, kann ja, dachte ich, ein abgeredtes Zeichen mit Policeydienern ſeyn, an die man in voraus weiß, daß du gerathen mußt. Spielen nicht oft boshafte Jungen mit einem armen Vogel, um ihn ſicher zu machen? Kann er weiter fliegen, als der Faden lang iſt, den ſie ihm heimtückiſch um den Fuß ſchlangen, und kann ein ſo guter Kerl, wie ich, nicht ſchon tagelang auf der Diligence

in engem Verhaft ſitzen, und immer in dem ſüßen Wahn ſtehen,
er reiſe nach ſeinem Vaterlande,
bis ſeine Auflaurer für gut finden,
ihm ſolchen zu benehmen? Kaum
hatte ich von allen dieſen ſchreck=
haften Möglichkeiten eine abge=
fertiget, als gleich eine andere
an ihre Stelle trat. Einmal ver=
ſuchte ich trotzig zu thun. Poſ=
ſen, ſagte ich, die Originalſchrif=
ten ſind ja den königlichen Bevoll=
mächtigten überliefert. Wer kann
mir beweiſen, daß ich ſie geleſen
habe, außer — ſtockte ich ganz
auf einmal niedergeſchlagen —
dein unſeliges Tagebuch. Nun —
fuhr ich ſchnell beſonnen fort,

was hindert dich denn, es zu ver=
nichten, ehe es wider dich zeugt?
Die eine Hälfte liegt schon in der
Asche — lege die andere dazu!
Ja, wenn nicht die väterliche
Liebe zu dem Nestling gewesen
wäre, die sich geradezu gegen
den grausen Gedanken sträubte.
Endlich kam ich — was gewinnt
man nicht durch Nachdenken! —
auf einen Einfall, der mir in meiner
ängstlichen Lage als der beste Noth=
helfer so genialisch erschien, daß ich
ihn sogleich auf das herzhafteste
ausführte. Ich unterwarf nem=
lich mein Buch der Operation des
Origenes. Die ausgeschnittenen
gefährlichen Blätter theilte ich wie=

O 5

der in zahllose Dreyecke, die ich
an einem gewissen staubigen Orte
verbarg, dem sich nicht so leicht
ein schwarz gekleideter Commissair
nähern wird. Ich will den Jn=
quisitor loben, der ihn als ver=
dächtig anspricht, oder auch die
Papier = Schnitzel ohne meine
Hülfe in ein lesbares Ganze zu=
sammensetzt.

Nach solchen genommenen klu=
gen Maßregeln, sollte wohl jeder
Vernünftige glauben, müsse mir
das verzagte Herz gewachsen seyn.
Nichts weniger. Der Schrecken
war mir einmal ins Blut getre=
ten und stieg mir immer höher
zu Kopfe.

Wird es denn der König, warf ich die Frage auf, wohl für wahrscheinlich halten, daß jemand seine Ahnen = Probe vierzehn Tage in der Tasche haben kann, ohne sie zu untersuchen? und ist nicht der königliche Glaube an die Mög= lichkeit allein schon hinlänglich, ihn par raison d' Etat in das erste beste Gefängniß so gut mit einem Maulkorbe zu stoßen, als mit einer eisernen Maske? Heili= ger Fiacre! schütze mich, daß ich nicht um deinetwillen auf die Brescauische Austerbank, der du glücklicher entgangen bist, als du verdientest, zu liegen komme! Hier unterbrach mich Bastian mit der

O 6

Nachricht, die Wasserkutsche sey
sammt dem Daraufgelde für den
guten Platz während meinem
Verhöre ab und davon gefahren.
„O desto besser,“ rief ich, „die Gesellschaft, die man auf einem Toulouser Postschiff erwarten darf,
würde sich ohnedem sehr schlecht mit
meiner gegenwärtigen Stimmung,
und die langweilige Fahrt noch
schlechter mit einem geschwinden
Fortkommen vertragen, an dem
mir mehr noch gelegen seyn muß,
als den Herren Capitouls, die
hier frühstücken. Auf der Land-
seite entkommen wir ja diesem
Drachenneste um vieles geschwinder. Habe ich doch meinen Frey-

paß, was warten wir? Mache
dich auf die Beine, Bastian, und
schaffe mir ohne Verzug vier tüch-
tige Pferde vor den Wagen, oder
lieber sechse. Hörst du?" Das
war ihm eben recht.

Es verging keine Viertelstunde,
so stand alles zu meiner Flucht in
Bereitschaft. Die glücklichsten Umstände trafen zusammen, sie zu
befördern.

Ich sah meine Berline mit
sechs Pferden bespannt, die vor
Ungeduld stampften, wie ich. Eins
zog wie das andere, denn ihre
Führer waren, wie sie mir bald
vertrauten, Zwillingsbrüder, cal-

O 7

vinifchen Glaubens, und meinten
es überhaupt ehrlich.

Sie drückten mir nicht nur
auf das herzlichſte die Hand für
mein freigebiges Trinkgeld am
Ende der Station, nein ſie zeig=
ten es allen ihren Cammeraden,
um ſie aufzumuntern, ein gleiches
zu verdienen. Die Wege waren
vortrefflich, der Abend ruhig, wie
ein gutes Gewiſſen, und die Nacht
hell, wie bei uns ein Frühlings=
tag. Nie hat mir der Klang
der Poſthörner mehr Freude gemacht. Nach der Eile, mit der
ich an den berühmten Garküchen
des Perigords vorbey rollte, hätte
kein Menſch errathen, welchen

Werth ich auf ihre kalten Paste-
ten setze. Ich ließ mich durch
keine aufhalten, denn ich kam
mir selbst wie eine Waldschnepfe
vor, die alle ihre Federn anstrengt,
um dem Unglück, in einer nach
Holland oder Deutschland verschickt
zu werden, zu entfliehen.

So erreichte ich zwar durch
Gottes Hülfe und ohne den min-
desten Anstoß schon den siebenten
März, einige Stunden nach Mittag, das schöne weinreiche Bourdeaux — aber die lange Strecke
Wegs, die ich noch bis in mein
Vaterland vor mir sah, erlaubte
mir nicht, durch irgend einen Genuß Zeit zu verlieren.

O 8

Wie hätte ich Luſt haben können, meinem Körper gütlich zu
thun, den ich bey weitem noch
nicht außer Gefahr glaubte, und
der ſich, wie Du noch hören wirſt,
bey allem, was ihm aufſtieß, recht
linkiſch benahm.

Jetzt, nach einer ruhigen fröhlichen Stunde, und nachdem ich
glücklich über die Strickleiter weg
bin, die ſie mir erſteigen half,
ſteht es freilich ganz anders um
Deinen Freund, lieber Eduard.

Ich werde nicht zum letzten-
mal über die wilden Blicke lachen,
die ich umher warf, als ich nicht
weit von La Trompete, der hie-
figen

ſigen Feſtung, aus dem Wagen
ſtieg. Alle Augen, alle Canonen,
glaubte ich, wären auf mich ge=
richtet. Ich ſah in jedem Vor-
beigehenden — ärger als Rouſſeau
auf ſeinen Spaziergängen — nur
einen Spion, der meine Ankunft
der Policey anzeigen werde. Ich
ging nicht, nein, ich zitterte von
weitem meiner Chaiſe nach, die
ich Baſtianen allein überließ auf
die Poſt zu bringen und beſpan=
nen zu laſſen — aber die Gaſſe
dahin wollte kein Ende nehmen.
Indem ſtürzte ein Trupp Matro=
ſen, denen man es deutlich anſah,
daß ſie ſich ſo wenig um mich, als
um die ganze Welt bekümmerten,

mir aus einer Taberne in den
Weg. Sie schwenkten ihre run=
den Hüte und jauchzeten einmal
über das andere mit stammelnder
Zunge: Es lebe Catharina die
Zweite! Der Name dieser großen
Frau fiel mir kaum in die Ohren,
so vergaß ich Cammerdiener und
Wagen, und überließ mich blind=
lings dem Zuge meines dunkeln,
aber mächtigen Zutrauens. Ich
schloß mich dicht an die lustige
Bande an, und so oft ich mich
bemerkt glaubte, schwenkte auch
ich meinen Hut und mischte herz=
haft mein Vivat in das ihrige.
So taumelte ich in ihrer Gesell=
schaft zwey Straßen durch bis vor

die Stadt an den Hafen, wo sie auf einmal Halt machten. Eine schöne gebietende Gestalt stand vor ihnen, dämpfte mit einem Wink ihr tobendes Geschrey und wies sie auf das Schiff, von welchem der Name ihrer Monarchin in goldenen Buchstaben mir über die Wellen entgegenglänzte, und dem sie sogleich auf einem Boote zuruderten.

Wie sich das Gedräng der grünen Jacken um mich her verloren hatte, stand ich nun einzeln, aber ziemlich außer Fassung, vor dem Capitain, der, wahrscheinlich ein wenig verwundert, einen reinlichen Ueberrock unter seiner Mann-

schaft zu sehen, mich von Kopf
bis zu Fuß mit ernsten Augen
betrachtete. Da ich nicht von
der Stelle wich und bei dem ge=
ringsten Geräusch scheu hinter
mich blickte, fragte er mich end=
lich: ob etwas für mich hier zu
thun sey? Ich trat näher, nannte
mit leiser Stimme meinen Namen,
der zum Glück für mich ihm
nicht ganz fremd war, und bat
aus gewissen Ursachen, die ich
ihm schon noch entdecken wolle,
vor der Hand nur um Schutz — —
„Aber gegen wen denn?" fragte er
ungeduldig — „Gegen die wollüsti=
gen und grausamen Capitouls zu
Toulouse," zischelte ich ihm zu, „und

ihre hiesigen Spione." Nach einem
kurzen Besinnen gab mir der brave
Mann einen Wink, ihm auf das
kleine Fahrzeug zu folgen, das
bereit war, ihn überzusetzen.

O wie gern gehorchte ich!
Hätte Bastian nicht besser Acht
auf mich gehabt, als ich auf ihn,
so wären wir vielleicht so bald nicht
wieder zusammen gekommen. Er
schrie vom Ufer uns nach, bat und
erhielt die Erlaubniß, mit einzu=
steigen. Wie geschwind verzog
sich meine bisherige Brustbeklem=
mung. In welche Freude ging
sie nicht über, als ich bald nach=
her mich in der Cajüte meines
Beschützers, zwar nur auf Bre=

tern, die aber mit dem Gebieth
einer mächtigen Monarchie zusammen hingen, allen und jeden
Nachstellungen des festen Landes
entrissen sah. Dieses schöne Gefühl entwickelte zuerst die heroische
Frage in mir, ob es nicht möglich und mir am besten gerathen
wäre, unter Russisch - Kaiserlicher
Flagge allen gesetzlichen Ungeheuern des französischen Labyrinths
zu entwischen. Ich legte diesen
Wunsch am Ende meiner Ge-
schichtserzählung dem lieben Capitain ans Herz. Er hörte meinen
Vortrag mit gütiger Aufmerksamkeit an — schwieg ein Weilchen,
schien aber den Zusammenhang

der Sache sehr wohl begriffen zu
haben. „Wohin wollen Sie denn
eigentlich?" fragte er. „Ja, mein
Gott, nach Leyden," antwortete ich,
„wenn anders Ihr Weg Sie da
vorbei führt. Ich bin auf dem
Meere nicht ganz orientirt." Es
war dem lieben Manne Ernst, mir
zu helfen. Das sah ich ihm an.
Er ging einigemal nachdenkend
mit langsamen Schritten auf und
ab in der Cajüte, ehe er mir
Antwort gab, – die aber auch nun
desto bestimmter und erfreulicher
ausfiel. „Ich sehe zwar, mein
Herr," wendete er sich freundlich
zu mir, „Ihre Lage nicht für so
gefährlich an, als Sie; damit

Sie jedoch nicht sagen können,
Sie hätten Ihr Zutrauen vergebens auf einen Ruffen gesetzt, so
will ich es, so gut ich kann, zu verdienen suchen. Wenn Sie mit
Koft und Quartier auf meinem
Schiffe zufrieden seyn wollen,
so laffen Sie nur heute noch
Ihre Bagage an Bord bringen.
Es hat seine völlige Ladung,
und würde bereits auf der hohen
See seyn, wenn ihm der Wind
so günftig gewesen wäre, als er
für Sie zu werden scheint; denn
sollte er diese Nacht sich nur noch
um einige Grad verftärken, so
kann ich vielleicht schon morgen
aus dem Hafen laufen, und will

gern Ihrem Wunsche gemäß meine
Segel nach der Holländischen
Küste richten, um Sie dort ans
Land zu setzen. Auf dem offenen
Meere giebt es für uns andere
keinen Umweg. Das ist kurz und
gut meine Erklärung." Seine men-
schenfreundliche Großmuth rührte
mich bis zu Thränen. Es ist so
selten, unter den sogenannten Welt-
leuten auf einen zu stoßen, der
an unserm Schicksale thätigen An-
theil nimmt. Ich ergoß mich in
so wortreiche Danksagungen, daß
er mich vor Ungeduld mit der
Frage unterbrach: „Ob mir sonst
noch etwas zu wünschen übrig
sey?" „Nicht das mindeste," ant-

P 5

wortete ich, „als daß es mir lieb
wäre, da mir der Wind noch Zeit
dazu läßt, wenn ich mittlerweile
die Stadt besehen, die Bour-
deauxer Weine durchkosten und noch
eine und andere Einrichtungen zu
meiner Seereise machen könnte.
Darf ich mich aber wohl mit
Sicherheit an das französische Ufer
wagen?" „Ueber mein Schiff hinaus," erwiederte er, „reicht zwar
meine Gewalt nicht, doch will ich
gleich eine Mittelsperson zu Hülfe
rufen." Auf seinen Wink trat nun
sein Commißschneider mit einem
Pack grüner Uniformen herein.
Er brauchte nicht lange zu messen,
denn die kleinste darunter, die er

meinem Körper anpaßte, saß nach
seinem Kunstausdrucke wie ange-
gossen. Es machte mir eine kindische Freude, mich im Angesichte
des freien Weltmeers zu einem
Russischen Seeofficier eingekleidet
zu sehen.

Ich stellte mich mit stolzem
Anstand vor den Spiegel, und
warf mich nicht schlecht gegen das
intolerante Frankreich in die Brust.
„Jetzt fehlt Ihnen," sagte der
scherzhafte Capitain, „um dem ganzen Toulouser Capitol die Spitze
zu bieten, nichts als ein Blatt
Papier zu Ihrer Legitimation in
der Tasche — ein Patent, das
ich Ihnen als Schiffs - Lieutenant

ausfertigen will." „Doch nur
titular?" fiel ich ihm erschrocken
in die Rede. „Nicht anders!"
versetzte er lachend. „Denken Sie
denn, daß ich den Dienst so
schlecht verstehe, dem ersten, besten
Passagier das Commando am
Steuerruder anzuvertrauen? Man
kann mit einer gewissen Portion
Eigendünkel eher wohl die Segel
eines kleinen Fürstenthums dirigi-
ren, wenn es auch hier und da
leck ist, als das geringste Schiff,
das dem Russischen Staat dient."
Er warf bey diesen Worten einen
Blick, den ich mir merken will,
in die Ferne, der viel zu spre-
chend war, um ohne Bedeutung

zu seyn. „Wen traf dieser Blick, Herr Capitain," fragte ich, „wenn ich es wissen darf?" „Warum nicht? Er galt wohl gar einem Ihrer Bekannten —" erwiederte er. „Doch gewiß," schob ich geschwind ein, „keinem meiner Freunde, das will ich im voraus beschwören." „Einem, fuhr er fort" ——— —

Aber o Ihr, die Ihr mich bis zu dieser Zeile geduldig auf meinen Spazier = und Irrgängen beglei= tet habt, Euch, meine vortreffli= chen Leser, muß ich jetzt einige Augenblicke still zu stehen bit= ten, denn ich selbst stehe zum erstenmal in meinen Wanderungen vor einem Oha, über das ich nicht wegzukommen weiß. Ein heimtückischer Zufall hat mir die meisterhafte Zeichnung meines Russischen Freunds entrissen, und den lustigsten Text von der Welt durch eine Lücke unterbrochen, die ich leider! jetzt nur mit einer kläglichen Note auszufüllen im Stande bin.

Diese Verlegenheit thut mir doppelt wehe, weil sie mich zugleich nöthigt, ein Geheimniß auszuplaudern, das ich mit mir ins Grab zu nehmen gedachte. Das Schicksal, scheint es, will mir nicht vergönnen, das Geringste vor Euch auf dem Herzen zu behalten. Es liegt, ich weiß es, manches Räthselhafte noch in mei-

nem Tagebuche, das Eurer Auf=
merkſamkeit wohl ſchon oft an=
ſtößig geweſen ſeyn mag; doch
davor darf mir nicht Angſt ſeyn,
denn in einigen Tagen, hoffe ich,
wird Euch auch das Widerſpre=
chendſte unzweideutig und klar, wie
die Wahrheit, vor Augen ſtehen.

Ob aber die kräftige Schilde=
rung des Unbekannten je wieder
an das Licht kommen werde, das
ſie ſo ſehr verdient, muß ich, ohne
es ganz zu bezweifeln, allein der
künftigen Zeit überlaſſen, denn die
meinige iſt, — und das eben
war, wie ihr alleweile hören ſollt,
mein Autorgeheimniß, — ver=
laufen.

P 8

War es ein Anfall von Eitel=
keit, falsche Scham eines jungen
flüchtigen Gesellen, oder Nachah=
mungsfucht — ich lasse es unent=
schieden, die mich, nach meiner
Zurückkunft in Berlin, auf den
tollen Einfall brachte, meine Selbst=
bekenntnisse, wie Jean Jaques die
feinigen, unter Schloß und Siegel
zu legen, und, gleich ihm, zu ver=
ordnen, daß mein Erbe ihnen
erst zwanzig Jahre nach meinem
Ableben Luft mache.

Ein Augenblick Ueberlegung
brachte mich, wie ich denke, auf
einen klügern Entschluß. Wäreft
Du, sagte ich mir, auch noth=
dürftig zu entschuldigen, Possen=
spiele

spiele mit deinen Zeitgenossen zu
treiben, die es nicht nur längst
an dich gebracht, sondern auch
das Wiedervergeltungsrecht noch
immer in Händen haben, so
sähe es doch einer Poltronne=
rie sehr ähnlich, wenn du dich
erst aus dem Staube machen und
der Nachwelt gleichsam hinterrücks
deine Schneebälle aus einer Entfernung in das Gesicht werfen
wolltest, in der sie dich nicht mehr
erreichen kann. Und ist es denn
nicht, fuhr ich ernsthafter fort,
mehr als zu bekannt, wie pflicht=
vergessen der Freund, dem der
große Mann die Herausgabe sei=
ner Confessionen übertrug, die

strenge Frist verkürzt hat, die
Rousseau der Neugier seiner
Hinterbliebenen auflegte? Aber
auch gesetzt, eine solche Untreue
wäre mit den deinigen nicht zu
befürchten, bleibt es denn nicht
noch immer die Frage, ob die
klugen Leute, denen du die Voll-
streckung deines letzten Willens
in einer Zeitperiode.. zuwälztest,
die sich wahrscheinlich von der
gegenwärtigen durch den geläutert-
sten Geschmack auszeichnen wird,
— ob sie, sage ich, dein Testa-
ment nicht als inept erklären und
deinen armen entsiegelten Papieren, statt ihnen den kostbaren
Weg in das Gebiet der Maku-

latur zu eröffnen, den weit kür-
zern hinter den Herd anweisen
würden? Solche vornehme Wag-
stücke, gestand ich mir offenherzig,
sind nicht für einen Schriftsteller,
wie du bist.

Diese vielseitigen Ansichten der
Sache brachten mich endlich auf
einen Ausweg, bei dem ich stehen
blieb. Wäre es denn nicht sicherer, zischelte ich mir ins Ohr,
gemächlicher für dich und ehrlicher
gegen deine Mitbürger gehandelt,
wenn du ihnen, während du noch
auf ebenem Boden mit ihnen wan-
delst, die offenherzigen Berichte
von der übeln Wirthschaft ableg-
test, die du, jedoch zum Glück

nur wenige Monate, in einem sitten=
losen Lande mit deiner Zeit getrie=
ben hast? und um sie nicht auf
einmal zu erschrecken, die zwan=
zig Hungerjahre, zu denen Rouſ=
ſeau im Laufe seiner Unsterblich=
keit das lesende Publicum ver=
dammte, auf das jugendliche Spiel=
werk ausdehnest, das du ihm preis
zu geben gesonnen bist? Dadurch
bekommen deine Begleiter nicht
nur Zeit zu verschnaufen, sondern
der Stern deiner Autorschaft zu=
gleich einen hübschen Spielraum,
den Cometen, die inzwischen an
den litterarischen Himmel aufbrau=
ſen, und ihn leicht in ihren
Schweif verwickeln könnten, ehr=

furchtsvoll und so lange aus dem
Wege zu treten, bis sie ihre blen=
dende Laufbahn durchschnitten ha=
ben. Wirklich habe ich durch
diese kluge Wendung seinen völli=
gen Untergang aufgehalten. Wie
viele prächtige Meteore sind nicht
in diesem langen Zeitraum durch
den Aether gezogen, verschwunden
und vergessen, und das meinige
blinkt noch in der zwanzigsten
Leipziger Messe, tritt noch einmal
aus dem Nebel hervor, in wel=
chen es sich oft hüllte, und lächelt
noch hier und da einem alten
Bekannten so freundlich ins Auge,
als ehemals meinem nun längst
verewigten Freunde Eduard, dem

Q 3

seine ersten Stralen gewidmet
waren.

Mit welchem wehmüthigen
Vergnügen sehe ich auf jene Mor=
genstunden zurück, wo ich ihm das
Votivgemälde vorhalten konnte,
das ich in der Ferne aus tausend
heterogenen Farben für Ihn zu=
sammengesetzt hatte. Es war
eine freundschaftliche Beschäfti=
gung, eine augenblickliche Zerstreu=
ung in der bänglichsten Zeit, die
je über Berlin geschwebt hat —
in der Krankheits = Epoche unsers
großen Monarchen. So saß ich
denn auch, gerade vier Wochen
vor seinem völligen Verlöschen,
nach einem mäßigen Frühstück

meinem Freunde gegen über, und
langte von den letzten Heften mei=
ner Reise, die hinter meinem Sitze
auf einem Ecktischchen lagen, einen
nach dem andern mir zu, wie ihn
die Reihe traf. Meine Vorlesung
war bis auf gegenwärtigen, und
bis zu der Zeichnung vorgerückt,
die ich kurz vorher meinem Zuhörer, der sich auf dergleichen Male-
reien besonders verstand, als ein
Meisterstück angekündigt hatte;
aber kaum waren ihm die ersten
Grundlinien davon sichtbar geworden, so erhob sich ein Wirbelwind
in dem größten Ungestüm von der
Gasse, der Thüren und Fenster
aufriß, und indem ich eben nach

diesem, noch übrigen Abschnitt
meines, unserer heutigen Unterhaltung gewidmeten Vortrags
greifen wollte, mir ihn unter den
Händen wegnahm. Hätte ich
nicht zum Glück den Ueberrest
meiner Handschrift zu Hause ge-
lassen, es wäre ihm nicht besser
ergangen, und mir nichts übrig
geblieben, als meine Boutique zu
schließen.

Kein spielendes Kind, dem
sein papierner Drache entwischt,
kann bestürzter ihm nachblicken,
als ich meinen fliegenden Blättern.
Ich sah sie über die Dächer hin,
bald an diesen, bald an jenen
Schornstein anprallen, sinken und

steigen, und endlich ganz aus meinem Gesichtskreis verschwinden. Während meinem vergeblichen Hinstaunen in den leeren Raum, hatte Eduard, thätiger und gefaßter als ich, alle dienstbaren Geister seines Hauses aufgeboten, den politischen Steckbriefen nachzueilen. Ihr erzeigt allen ehrlichen Leuten den wichtigsten Dienst von der Welt, wenn ihr sie auffangt, schrie er ihnen nach. Umsonst! nach einer Stunde kamen die Abgeordneten athemlos, beschmuzt und mit leeren Händen zurück.

Der Wind, — entschuldigten alle ihre mißlungene Hetze — wäre zu arg. Dem hätte er die Kappe,

jenem den Athem genommen, und
allen so viel Staub in die Augen
gestreut, daß ihnen Hören und
Sehen vergangen sey... Wir schick=
ten sie demohnerachtet, sobald das
tobende Wetter vorbey und die
Luft rein war, zum zweitenmal
aus, ließen überall in den Häu=
sern der Gesandten, in den Trö=
delbuden, in den Kramläden, und
in dem königlichen Schlosse den
verlornen Papieren nachstellen, aber
mit gleich wenigem Erfolg, und
eben so vergebens habe ich in den
zwanzig Jahren, die zwischen jenem
Tage und dem heutigen liegen,
auf den glücklichen Zufall gelauert,
der sie mir zeitig genug wieder

bringen follte, um fie meinen guten
Lefern noch mittheilen zu können.
Welchem ftaubigen Winkel mögen
fie zugeflogen feyn? Ach vielleicht
doch verwahrt fie das Pult eines
ehrlichen Finders, der fie wohl
längft ihrem rechtmäßigen Eigen=
thümer zugeftellt hätte, wäre er
ihm nur bekannt gewefen. Freilich käme jetzt jedes Einfchiebfel
zur Vollftändigkeit meines armen
Tagebuchs zu fpät, das, wie ich
meinen Lefern fchon vertraut habe,
mit der diesjährigen Oftermeffe
fein Ende erreicht.

Da indeß diefe merkwürdige
Zeichnung auch an jedem andern

Orte der Ausstellung immer noch
werth bleibt, so kann ich um so
viel mehr dies Original, das sich
selbst mit Hülfe des Windes vogel-
frey gemacht hat, allen Journa-
listen und Sammlern fliegender
Blätter, wenn es ihnen vorkommen sollte, zu einem nicht gemei-
nen Lückenbüßer empfehlen. Die
Zeit hat ja schon manches Document ans Licht gebracht, was man
Jahrhunderte hindurch für ver-
lohren erklärte.

Irre ich nicht, so ist ja ein
Brief des Cicero ad familiares
durch den Pergament-Band eines
alten Calenders und eine man-

gelhafte Stelle in dem Petron
durch den Umschlag einer pābstli-
chen Bulle ergānzt worden, und
kann ich mich denn nicht auf meine
eigene Erfahrung berufen? Hātte
sich der franzōsische Hof wohl trāu-
men lassen, daß die Briefe der
Kōnigin Anna an ihren Beicht-
vater irgendwo noch versteckt lāgen
und nach Verlauf eines Sāculums
einem Reisenden in die Hānde
gerathen wūrden, der an sie am
allerwenigsten dachte. — — — —

Wenn er nur wūßte, — — — —
fāhrt meine Handschrift fort; —
— — aber indem fing die Schiffs-
uhr zu schlagen an. Der Capi-

tain verließ mich), um seine Be-
fehle für die laufende Stunde
auszugeben. Um keiner beschäftigten Hand im Wege zu stehen,
setzte ich mich auf das Verdeck,
machte mir einen Sitz von Tauen
und Segeln zurechte und zog,
um mir in Ermangelung besserer
Gesellschaft die Zeit mit meiner
eigenen zu vertreiben, den gang-
baren Heft meines Tagebuchs aus
der Tasche. In diesem Portefeuille
deiner Erfahrungen, lächelte ich
es an und schlug die Hand darauf,
hast du nun schon eine ziemliche
und mehr als hinlängliche Sammlung medicinischer und philosophi-
scher, theologischer und artistischer

Windbeutel niedergelegt. Zu ihrer Vollſtändigkeit fehlte dir nur noch ein politiſcher. Den hat dir nun unerwartet ein unpartheyiſcher Mann in die Hände geliefert. So flüchtig auch ſeine Zeichnung ſeyn mag, (ach wäre ſie nur nicht gar verflogen!) ſo ſticht doch der Dünkel des Portraitirten mit zu vieler Wahrheit vor, um nicht ähnlich zu ſeyn. Warum wollteſt du ſie nicht in deinem Bilderbuche aufnehmen, das, nach deinen eigenen Menſchlichkeiten, nichts ſo deutlich zur Schau ſtellt, als die, allen Gauklern gemeine Phyſiognomie des Hochmuths, die, wie es ſcheint, meinem vornehmen

Q 8

Capitain so widerlich ist, als meiner Wenigkeit. Die Nilraße kann unmöglich eine stärkere Antipathie gegen Crocodille haben, als ein natürliches, mit edlem Stolze begabtes Herz gegen aufgeblasne Menschen. Man kann doch gewiß nichts geringeres seyn, als ich jetzt bin, aber auch in mir schlägt ein solches Herz und ich vertauschte es nicht, selbst gegen den Zepter nicht eines königlichen Prahlers. Meinem Capitain sah man es an der Stirne an, daß er seinem wichtigen Posten eben so gewach= sen war, als er ihm mit Beschei= denheit vorstand. Er wußte nicht nur zu befehlen, sondern auch zu len=

lenken. Dafür aber genoß er auch
Achtung und Zutrauen vom Höchsten bis zum Geringsten.

Sein Schutz gab mir Zuver-
sicht, seine Herablassung erhielt
mich in Demuth, seine Freundschaft erhob mich. Er, ein Sprosse
des edeln Geschlechts von Kosodawlew, das dem Staate schon
manchen klugen Kopf und brauch-
baren Diener gezogen, flößte mir
eine so große Liebe zu seiner Nation, so tiefe Ehrfurcht für seine
Monarchin ein, daß, hätte ich
nicht gehörige Rücksicht auf mich
genommen, mir wohl auch der
Schwindel über meinen neuen un-

verdienten Titel hätte zu Kopf
steigen können.

Als ich jenes Bild in meine
Gallerie aufgehängt hatte, blieb
mir für heute nichts zu besorgen
übrig, als Abschied von der großen Nation zu nehmen. Ich
steckte mein Patent ein, setzte mich
auf einen Fischerkahn, und stieg
mit festem Muth ans Land. Eine
der schönsten Städte Frankreichs
breitete sich nun vor meinen Blikken aus, ich gab aber weniger auf
ihre Häuser und Plätze, als mit
heimlichem Lächeln auf die Huldi-
gung Acht, die alle Vorübergehen-
den meiner Uniform erzeigten.
In meinem Leben ist der Hut

nicht so oft vor mir gezogen worden. Die allgemeine Verbeugung
vor der großen Frau, der ich zu
dienen den Anschein hatte, machte
mir es begreiflich, wie manche
ihrer wirklichen Diener, wenn sie
andere Höfe und Länder besuchen,
auf Stelzen einhertreten, und ich
möchte sie beinah entschuldigen,
wenn es mir möglich wäre, der
Schwachheit des Stolzes das
Wort zu reden, oder sein Vor-
drängen auf meinen geraden einfachen Lebensgang mit Gleichmuth
zu ertragen.

Ich gehöre, wie sich das so
ziemlich aus meinem lachenden
Hinstaunen in die Welt ergiebt,

gewiß nicht zu der Claſſe der
Friedensſtörer; wer mich aber aus
Urſache feines Eigendünfels belei=
digt — jede andere kann ich eher
vergeben — mir, um mich zu
hänſeln, Waſſer in meinen Wein
miſcht, darf ſich nicht wundern,
wenn ich, ohne lange daran zu
ſchlucken, den unreinen Trank
ihm in das Fratzengeſicht ſprudele.
Nicht etwan erſt als ruſſiſcher
Titular = Schiffs = Lieutenant, ſondern ſchon längſt habe ich in
meinen häuslichen, politiſchen und
litterariſchen Verhältniſſen das
Syſtem angenommen, das meine
anſcheinende Gebieterin zur Siche-
rung der ihrigen erfunden hat

— das System der bewaff=
neten Neutralität. Es ist von
allen, die ich kenne, gewiß das
beste. Wir sind beide, wenn ich
meine Kleinheit neben ihre Größe
setzen darf, zu gutmüthig, um
nicht jedem seine Sturmhaube,
oder seine Schellenkappe zu gön=
nen, so lange er seinen eigenen
Spaß damit treibt, aber niemand
in der großen Welt darf seine
Lanze gegen sie, und in der kleinen
seine Peitsche gegen mich aufheben,
wenn ihm seine Haut lieb ist.

Du siehst, Eduard, daß ich
in dieser Rücksicht meinem Offi=
ciershute so viel Ehre mache als
Sie ihrer Krone.

Während ich mich aus einer
Gasse in die andere drehte, als
wenn ich sie der Länge und Breite
nach ausschreiten wollte, die Wein-
händler, die hier jeden Fremden
schon von weiten als einen Ein=
käufer anlächeln, durch mein Ge=
sicht voll Würde in ihre Keller=
stuben zurückschreckte, und den
Polizey = Dienern, ohne daß sie
es ahndeten, in Gedanken Trotz
bot, besorgte Bastian meine letz=
ten Geschäfte mit vieler Einsicht.

Er kaufte für mein Bedürfniß, wie er glaubte, Lord Ansons
Reise um die Welt, und ein paar
englische Halbstiefeln, und ver=

handelte meine gepriesene Berline,
als unnöthig zur See, an den
Miethkutscher des Preußischen Con-
suls, unter der Bedingung, meine
Habseligkeiten noch umsonst bis an
das Ufer zu fahren. Er selbst ging
mit meinem Puderbeutel in der
Hand voran, den ich seiner beson-
dern Sorgfalt um deswillen em-
pfohlen hatte, weil er, wie ich
Dir wohl jetzt vertrauen kann,
einen Schatz für mich, die Schnittlinge nemlich meines in der Ueber-
eilung der Furcht castrirten Tagebuchs enthält. Sonach verlasse
ich nicht nur um vieles leichter, als
ich gekommen bin, sondern auch
ungleich einiger mit mir selbst, ein

Land, von dem, genau besehen,
ich nichts mitnehmen möchte, als
das Sonnenthal und Agathen. —
Die Dämmerung erinnerte mich
zur rechten Zeit an den Vergang
meines militärischen Urlaubs. Ich
schüttelte, wie ein Apostel, mir den
Staub von den Schuhen, wendete
beim Eingang des Hafens noch
einmal mein zufriedenes freies Ge=
sicht nach der größten Trompete
des Reichs, nach der Vestung der
Stadt, als nach dem letzten Grenz=
und Markstein, den ich nicht so=
wohl zwischen mir und dem prahle-
rischen Gallien, als vielmehr in
stiller Hinsicht auf mein künftiges
Leben, zwischen dem französischen

Leichtsinn und dem deutschen Ernst
setzte. Ach welche reuige Empfindungen, gutmüthige Gefühle und
meines Vaterlands würdige Vor-
sätze bewegten mein Herz, indem
ich über die auf dem kräuselnden
Strom gebrochenen Stralen des
Abendsterns, den ich reiner und
freundlicher nirgends erblickt habe,
zurück nach meiner Garnison fuhr.

Es war mir, wie einem, der
seiner Besinnung lange beraubt,
ihrer nun seit kurzem mächtig worden, und mit freudigem Zittern,
in der Hoffnung, nie wieder
zu kommen, dem Tollhause ent-
schleicht.

R 5

Das erste Wort meines Be-
fehlshabers, als ich in seine Cajüte trat, wo er so tiefsinnig über
einer Seekarte schwebte, als ein
Denker über einem moralischen
Werke, war ein Lob auf den herrlichen Wind. Als Schiffs = Lieutenant, glaubte ich, müßte ich Ehren=
halber mit einstimmen; es schien
aber, der gute Mann errieth mich.
Er zeigte mir auf der Karte den
Weg nach Petersburg und sprach
so gleichgültig davon wie von einer
Spazierfahrt, tröstete mich freilich
dadurch über meinen Katzensprung
nach Holland, aber nur halb,
denn es lief mir schon beim Anblick des leer gelassenen Papiers

der Meeresfläche, das doch gewiß
mehr Unfälle bedeckt, als alle an=
gränzende Länder, die mir grün
und gelb vor den Augen flim=
merten, ein kalter Schauer über
den Leib. Ich berechnete die ent=
setzliche Tiefe und daß ich nur
waten, aber nicht schwimmen könne.
Das große kaiserliche Schiff ver=
kleinerte sich in meinem Gehirne
zu einer zerbrechlichen Schachtel —
die mich — als wenn es in mei=
nem täglichen Bette viel anders
wäre, — nur im Schweben zwi=
schen Zeit und Ewigkeit hielt.
Denke nur: mitten in diesen
ernsten Gedanken fällt mir noch,
zu meinem Unglück, der gräßliche

Sturm ein, den der Anspachiſche Theodor in ſeinem wirblichen Kopf erregt hat. Ein ſchlechtes, lächer= liches Vorbild, ich weiß es, das ſich aber dennoch meine Phantaſie nicht wehren läßt ſo täuſchend auszumalen, als es nur ein Stück von Vernet ſeyn kann. Wenn das Schiff ſtranden ſollte — ach, ich fände kein Bret, worauf ich mich, oder meinen Namen retten könnte, denn auf Votiv = Tafeln, den Schutz der Heiligen und auf die Gebete der Mönche darf ich, wie es wohl andere thun, am wenigſten rechnen. Ich habe es nicht um ſie verdient. Hat mich nicht ſchon das bloße Bild des

einen zu Contignac in die Tou=
louſer Händel und in das Wag=
ſtück verwickelt, dem ich mich jetzt
preis gebe? Mein Gott! wie ich
zittere und ſchwatze; aber ſetze
Dich nur, lieber Freund, einen
Augenblick an meine Stelle. Ich
weiß ja nicht, wie ich mich anders
über den ungewohnten Lärm be=
täuben ſoll, der auf dem Schiff
herrſcht. Welcher Unterſchied zwi=
ſchen meinem heutigen Abend und
jenem Mittag auf der Fregatte
des Voltaire.

Dort hörte ich nur Witz ſpru=
deln und lachte über das denkende
Weſen an meiner Seite. Hier
hingegen gellen mir die Ohren

von nie gehörten Commando-Wörtern — von Matrosen-Flüchen, Hämmern, Klirren und Poltern, bald über, bald unter mir. Was das alles für Anstalten sind, um bis zu einer Holländischen Treckschüte zu gelangen! So muß der arme Mensch überall dulden, harren und mit Unruhen kämpfen, ehe er ein häusliches langweiliges Glück erreicht.

Sähe ich nur schon die großen Augen meines Jeroms, wenn ich ihn in meinem Seecostüm überfalle. Was wird er denken, ehe er erfährt, daß nichts solides dahinter steckt! Es sind noch nicht fünf Monate, seit er auf dem

Münster zu Straßburg meinen Glauben an den thierischen Magnetismus so spöttisch behandelte. Ach wie viel unglaublichere Charletanerien habe ich nicht in der kurzen Zwischenzeit erfahren! Ich höre im Geiste sein Gelächter, wenn ich sie ihm erzählen werde. Erzählen? Ich ihm? O ich armer, geplünderter, halb verbrannter, halb verschnittener Autor! Woher sollte mir der Stoff — und was meiner Vergeßlichkeit zu Hülfe kommen? Der kleine Rest meines Tagebuchs? die Haarwikkel in meinem Puderbeutel? Ist es wohl der Mühe werth, daß sie sich über dem Waßer halten?

R 8

Ach, mag sie doch meinetwegen der Rachen eines Wallfisches verschlingen, wie den ehrlichen Jonas. Ich verlange nicht einmal, daß er sie wieder ausspeie, sobald sie mich nur nicht nachziehen. Doch eben höre ich den Capitain befehlen, daß die Mannschaft sich schlafen lege, die nicht angestellt ist.

Das glilt auch mir. Ich gehorche.

Mein erster Versuch mit der Hangematte ist glücklicher abgelaufen, als ich glaubte. Geist und Körper fühlen sich gesund, und mit meinem Wohlbehagen ist auch mein Muth gestiegen.

Der Wind — Ich würde ihm zwar nicht trauen, aber mein Capitain sagt — und das ist mir genug — er wäre so gut, als ein Seemann ihn wünschen könne. Schon werden die Seegel ge-

S

spannt, die Anker gehoben und
das Steuer-Ruder von der erfahrnen Hand eines Seehelden gefaßt,
deſſen edle beſcheidene Miene ſchon
Ehrfurcht und Vertrauen einflößt,
der das Leben und Glück der
Menſchen zu ſchätzen weiß, die
ſeiner Leitung überlaſſen ſind, ſei=
nem wichtigen Beruf ohne Groß=
ſprecherey als ein ehrlicher Mann
vorſteht, manchen Sturm mit
Feſtigkeit und Klugheit bekämpft
hat, ohne ihn in Journalen zu
beſchreiben, oder mit ſo grellen
Farben zu ſchildern, wie der
Anspachiſche Schmierer hinter ſei=
nem Dachfenſter das berühmte
Revolutions - Gemälde, das zwey

Ellen und ein Daum groß, aber schlecht erfunden und keinen Hel= ler werth war. O welch ganz anderes Colorit hat die Wahr= heit, und wie glücklich ist ein Passagier, der, wie ich, einen scharfsichtigen Capitain am Com= paß — einen erfahrnen Steuermann am Ruder weiß! Sey es ein Kriegs = oder Kauffartheyschiff, sie bringen es gewiß glücklich in den Hafen. In solchen hoffnungsvol= len Gedanken ruhte mein Blick auf dem ehrlichen Gesichte des alten Schiffers, der sie mir ein= gab, als Kosodawlew bey uns vorbey in seine Cajüte eilte, um das Signal zur Abfahrt zu geben.

Er nahm mich bei der Hand mit
sich. Munter, munter, Herr
Lieutenant! sagte er scherzend.
Mein dirigirender Minister dort
nimmt es mit allen Winden der
Erde, und meine große Kaiserin
mit allen Schutzheiligen in der
Legende auf. Und ich, während er
veranstaltet, daß man Ihre Flagge
aufstecke, sitze andächtig an meinem
schwankenden Schreibpultchen, und
bete es ihm nach:

Vom Boryßhen bis zur Garonne,
Vom Wolgastrom bis an den Belt
Durchschwebt Ihr Name wie die Sonne
Wohlthuend jeden Theil der Welt,
Und angelacht von Ihrem guten
Gestirn, ruft mir mein Vaterland:

Verlaß ein Reich, das Rauch und Tand,
Um Gott zu blenden — Wünschelruthen
Zum Richtscheid der Gesetz' erfand,
Das einen Greis dem Grab' entwand,
Um auf dem Rade zu verbluten.
Schon hebt Aurorens Rosenband
Mein freyes Schiff, schon fliegt der
Strand,
Wie Cäsar stürz' ich in die Fluthen
Mein liebes Tagbuch in der Hand.

Leyden.

O wie hat die große Frau meinen Glauben an ihr glückliches
Gestirn und Kosodawlew mein
Vertrauen zu ihm und seiner
Kenntniß gerechtfertigt, die noch
weit über Compaß und Seekarte
hinausreicht! War es doch, als
ob Wind und Wetter ihm so
gehorsam als die Matrosen —
und die Wellen des Meeres nur
Stahlfedern wären, die auf wei-

chen Polstern uns hüben und fort-
trügen. In welcher Glorie ist
mir die Natur erschienen, und wie
freuten sich meine Augen an jedem
wiederkommenden Morgen, daß
sie noch nicht, verloren für die
Anbetung Gottes, in des Grabes
Moder versunken waren! Ich
glaubte in jenem Blumenthal,
das Agathen umschließt, den Son-
nenkörper in seiner größten äthe-
rischen Pracht besungen zu haben,
ach ungleich poetischer sah ich ihn
in der feyerlichen Geburtsstunde
des Tages über den Horizont hervor wallen und mein Erstaunen
verstummte. Wer den Mond und
die Sterne nur über dem Dunst-

kreis des Erdballs funkeln sah,
denke ja nicht, daß er ihren wahren Glanz kenne, und niemand
behaupte, sein eigenes Herz zu
verstehn, der seinen Freund oder
seine Geliebte noch nicht zwischen
Wasser und Himmel umarmt hat.
Breitete sich das eine immer so
sanft und geschmeidig unter uns,
der andere über unsere Häupter
eben so wolkenlos aus, als auf
dieser meiner ersten Seereise, ich
wüßte wohl, welchem Elemente
ich mein irdisches Glück anver-
trauen würde, denn nirgends fühlt
man das kostbare Geschenk des
Lebens dankbarer und inniger, als
auf diesen schwimmenden Bretern

und nirgends reicht uns der Tod
näher, schmerzloser und gaukeln=
der die Hand, als bey der Punsch=
schale, die unsere Abende begei=
stert und von der wir nicht eher,
als mit dem letzten Tropfen, in
süßer Betäubung nach unserer
Hangmatte taumeln, ohne darauf
zu achten, wie sehr sie einem Lei=
chentuche ähnlich sieht. Wer
möchte nicht lieber in dem freyen
Weltmeere begraben seyn, als in
einem verschlossenen Sarge unter
einer drückenden Erde, — dem
Spielplatz aller bösen Neigungen,
künstlicher Bedürfnisse und Laster.
Wie verächtlich erscheint einem
Beschiffer des Oceans die übrige

Welt mit ihren Eitelkeiten und
Freuden.

Der glücklichste Monarch kann
nicht zufriedener von seinem glän-
zenden Throne gen Himmel blicken,
als ein Seemann von dem Ver-
decke seines Schiffs. Die stärkende Seeluft, die physische Abge-
zogenheit von dem Beginnen der
Menschen entwickelt die schönste
moralische in seiner Seele. Groß-
herzig und neidlos belächelt er in
seiner philosophischen Cajüte das
Wettrennen des Hochmuths nach
Rang, Ehrentitteln und nach den
Gängelbändern widersinniger Or-
den, und ärgert sich über gelehrte

Flugschriften, lügenhafte Zeitungen und das summende Geschmeiß, das seine faulen Eier hinein-legt, nicht eher, als bis er gelan-det hat.

Dann erst, in der Nähe geisti-ger und leiblicher Apotheken von einem Sprach - oder Spiel - Zim-mer, von einem Tanz - oder Spie-gelsaal in den andern getrieben und verfolgt von dem Zungenge-räusch der guten Gesellschaft, ver-läßt ihn sein glücklicher Gleichmuth. Er sehnt sich ermattet zurück in seine schwebende Klause, und will lieber um verdiente heitere Tage und vorwurfsfreie sternhelle Nächte

mit Sturm und wilden Fluthen
kämpfen, als mit den schmeicheln-
den Zephyren und den glatten
Herzensergießungen der großen
Welt um die Zerrbilder ihrer
erdichteten Empfindungen, mit
denen sie gegen die verwahrlosten
Naturkinder, die ohne Anspruch
auf Glanz edel nur denken und
handeln, so gern groß thut.
Ich schwöre Dir bei allen Winden, die uns von dem Hafen zu
Bourdeaux aus bis an die Holländische Küste trieben, daß während meinem Hinüberschweben mir
nicht eine unmuthige Stunde, kein
trüber Augenblick in den Flug
kam, außer da ich mit Anbruch

des letzten Morgens meines Volon=
tair = Dienstes, von dem Hurra
des Schiffsvolks geweckt, ein Land
aus dem Nebel hervorleuchten
sah, das ich beim Schlafengehen
noch hundert Meilen entfernt
glaubte, und da bald nachher ich,
indeß mein Coffer, Tagebuch und
Puderbeutel in ein kleineres Fahr=
zeug geladen ward, das wie ein
Sarg auf mein Hineinsteigen war=
tete, thränend an der Brust mei=
nes guten Capitains, vor Schmerz
kaum ein abgebrochnes Lebewohl
stammeln konnte. Ich athmete
noch schwer, als ich schon am
Ufer stand, wußte vor Betäubung
nicht, wie viel oder wie wenig ich

den beyden Matrosen, die mich
herüber gerudert hatten, als Bei-
trag zur allgemeinen Trink = Casse
aus meiner Geldbörse in den Hut
warf, und winkte mit dem meinen
so lange noch dem lieben Schiffs-
Patron zu, bis mich ein anderer
Führer sehr verschiedenen Ansehens
in einen räderlosen Wagen nöhtigte
und wie einen armen Sünder
zum Richtplatz von Schevelingen
nach Haag und von da mit einem
untergelegten Pferde nach der Leydener Dreckschüte hinschleifte.

In diesem langweiligen Fahr-
zeuge fand ich Muße genug, dem
Trübsinn, den ich mitbrachte, mit

aller Bequemlichkeit nachzuhängen. Ich stützte den Kopf auf den Arm. O! seufzte ich, warum können doch jene Menschenseelen, die der meinigen so theuer geworden sind, mich nicht auf der Wallfahrt durchs Leben immer als treue Schutzgeister umflattern und bis an das einsame Grab begleiten. Wenn Eduard setzte ich hypochondrisch den Fall, den ich selbst bei unsrer ersten Entfernung durch meine ihm täglich abgelegte Rechenschaft meines Thuns und Treibens fest hielt, zum Ueber= schwung in jene unbekannte Sphä= ren früher reifte, als ich, o wie verlassen würde ich dann in mei=

ner Heimath herumirren. Wie
wenig heitert mich die Hoffnung
auf, meinen Jerom bald, bald
an das pochende Herz zu drücken,
denn das Vorgefühl naher Trennung wird sich nur zu schmerz-
haft unter meine feurigsten Umar-
mungen mischen. Werden mich
wohl je wieder die freundlichen
Augen St. Sauveurs begrüßen,
wenn, was doch Gott nicht wolle,
Agathe mit den ihrigen die Pfor-
ten meiner schönsten Erwartung
verschließen sollte? Und nun
schickte ich noch einen Thränen-
blick dem edlen Russen über die
See nach. Mit welcher Freude
verband ich ihn Eurem Kleeblatt,

denn

denn er ist dieses Vorzugs werth.
Mit demselben Goldstempel, den
die Natur Euch vertraute, hat
auch Er die Stiftungstage unse=
rer auf dem Meere geschlossenen
Freundschaft mir so tief in das
Herz geprägt, daß der Rost der
Zeit sein liebes Bild so wenig
daraus zu verlöschen vermag, als
das Eure. Glaubt nicht, daß
mein Maß für den Umfang dieses
Losungswortes zu kurz sey, denn in
dem engen Bezirk eines Schiffs,
wo kein Schwankender dem andern
höflich aus dem Wege treten kann,
beweisen vierzehn frohe Tage einer
gemeinschaftlichen Seereise mehr
für die Einigkeit der Herzen, als

eine gleiche Anzahl Probe = Jahre
auf dem festen Lande, wo alles
fest steht, — ausgenommen seine
Bewohner.

Leyden.

***

Zwey Tage habe ich nun schon in der süßesten Träumerey an der Seite meines geliebten Jeroms verlauscht. Ein Glück für Dich, daß sie zu reichhaltig an unbeschreibbaren schönen Empfindungen des Wiedersehens waren, als daß ich mich nur einen Augenblick nach meinem schwatzhaften Tagebuche hätte umsehen mögen. Heute verschafft mir bloß die

T 2

Bleicolik eines Mäklers einige
Muße, mit dem entfernten Freunde
so lange zu plaudern, bis der
nähere mich vom Schreibtisch
abruft.

Wenn ich mich kurz fasse,
kann ich Dir viel erzählen. Der
gute friedsame Holländer! Er
konnte mich durchaus nicht länger
in meiner militärischen Maske
ausstehen, sobald das erste Schrek=
ken vorbey war. Ich nahm so
geschwind als ein Chamäleon die
Lieblingsfarbe des Landes durch
einen schwarzen Rock an, den
ich über mein unschuldiges Ehren=
kleid zog.

Jetzt erſt ſtand ich mit dem
philoſophiſchen Arzte wieder auf
dem ſonſtigen vertraulichen Fuß.
Er nahm mich nun ſchon etwas
herkömmlicher und beinahe neu=
gieriger, als ein Pater ſeine Beicht=
tochter, in Unterſuchung. So
willig ich auch zu dem aufrich=
tigſten Bekenntniſſe war, ſo wollte
es doch nicht recht damit fort.

Ich ſtockte alle Minuten und
warf das hinterſte zu vorderſt.
Man iſt nun einmal mündlich
nicht nur weniger beſtimmt, als
ſchriftlich, ſondern auch viel ſcheuer
in ſeinem Vortrag; und da der
Theil meiner Reiſe bis Marſeille
dort verbrannt und mein Gedächt=

T 3

niß viel zu ohnmächtig war, den
Staub jener Ereignisse aufs neue
zu beleben, so mußten — besonders die zu Avignon nothwendig
an Klarheit verlieren, dennoch
schüttelte mein Zuhörer mehr als
einmal den Kopf zu meiner Er-
zählung. Als ich mir endlich,
so gut es gehen wollte, bis zu
meiner gefährlichen Krankheit fort-
geholfen hatte, und nun aufstand,
um die nachher niedergeschriebenen
und ziemlich gut erhaltenen Protokolle meines weiteren Verhaltens
beizuholen, glaubte er, daß nun
die Reihe an ihm sey zu sprechen. „Bleiben wir für heute,
lieber Wil'm, bei Deinem Kran-

kenlager ſtehen, das Du, wie ich nun ſelbſt von Dir gehört habe, durch muthwillige Beſtürmung der Natur, um den Ausdruck zu mäßigen, nur zu wohl verdient haſt.″ ″Wie Jerom?″ fiel ich ihm in die Rede, ″Du nennſt meine Lebens - Verſuche Beſtür- mung der Natur, um nicht etwas ärgeres zu ſagen? Warſt Du es denn nicht, der mir zuerſt eine leichtſinnigere Behandlung des moraliſchen Menſchen gegen den Hypochonder empfahl, als er mich von meiner Berliner Studierſtube aus ſchon eine ganze Strecke über den Rhein gejagt hatte? Waren es nicht Scherz und Liebe, die Du mir in dem Gasthofe zu Straßburg als die besten Hülfs- mittel gegen meinen drückenden Ernst vorschriebst?" „Großer Gott!" schlug er seine Augen in die Höhe, „wir armen, so oft mißverstandenen Aerzte! Verord- nen wir einem Schlaflosen zwey Tropfen Opium, so nimmt er den folgenden Abend das Doppelte, freut sich des angenehmen Traums, in den er verfällt, leert zuletzt das ganze Glas und taumelt in die ewige Nacht."

„Hätte nicht schon Sabatier, von dem ich den traurigen Aus- gang Deiner Lebensweise nur zu umständlich erfahren habe, Dir

das Verständniß über die unglaub=
lichen Mißdeutungen eröffnet, mit
denen Du meinen gutgemeinten
Rath verunstaltet hast, Du wür=
dest jetzt eine viel derbere Lection
von mir bekommen. Der liebe
Mann, der Dir in der höchsten
Noth zu Hülfe kam, überbrachte
mir, auf seiner Hinreise nach
Edinburg, Deinen kurzen Empfeh=
lungs = Brief, der für ihn ganz
unnöthig war, und verweilte einige
Tage bei mir. Da ward denn
Deiner und Deiner Vergehungen
gegen körperliche und geistige Diät
mit aller der Mißbilligung gedacht,
die sie verdienen. Ich will wün=
schen, daß die gemachten Erfah=

rungen Dich vor künftigen Rück-
fällen beſſer ſchützen mögen, als
das Packt Recepte, das er mir
für Dich zurückließ. Ich dächte,
ein größeres könnte ich nicht in
Jahr und Tag in unſerm Hos-
pital zuſammenſchnüren. Ich habe
es Deinem Cammerdiener zuge-
ſtellt, um es zu Deinen übrigen
Koſtbarkeiten zu packen, denn hier
bin ich Dir Arztes genug. Daß
Sabatier Dir, nach ſeiner Entfernung, nicht mehr zur Seite
ſeyn konnte, machte mich Anfangs
ſehr um Dich beſorgt; denn hatte
ich nicht alle Urſache zu fürchten, daß Deine Wiederkehr in
die geſunden Tage ſo keck und

ungestüm seyn würde, als es bei schlaffen Seelen nur zu gewöhnlich und von den schrecklichsten Folgen ist? Zu meiner Beruhigung aber hörte ich, er habe Deine Unbedachtsamkeit in die strenge Aufsicht eines andern rechtschaffenen Freundes gegeben, der" — — — — „Ach damit" unterbrach ich ihn, „hat er den edlen St. Sauveur gemeint. Ja, theurer Jerom, diesen Mann kann ich zum Glück Dir in seiner ganzen Vortrefflichkeit aus dem Ueberreste meines Tagebuchs kennen lernen, ohne daß ich die Schnittlinge in meinem Puderbeutel dazu ziehe, denn diese betreffen bloß die Ge-

nealogie Ludewigs des Vierzehn=
ten." „Was in aller Welt willſt
Du damit ſagen?" fragte er.
„Haſt Du denn bei Deiner Un=
ordnung ein Tagebuch gehalten?
und welche Gemeinſchaft hat es
mit Deinem Puderbeutel?" Aber
kaum ertheilte ich ihm, nothdürf=
tig, Erläuterung über die beiden
unterſtrichenen Worte, ſo drang
er in mich, die abgeriſſenen Glie=
der zur Ergänzung meines Skelets
aus ihrer jetzt unnöthig geworde=
nen Verborgenheit zu ziehen, ſchlug
alle meine Einwendungen nie=
der und lief in die Nebenſtube.
„So höre doch nur, ungeduldiger
Menſch!" rief ich ihm nach; er

aber eben so geschwind nach Ba=
stian, der auf seine Anweisung
bald darauf mit meinem Porte=
feuille zu mir hereintrat und den
diplomatischen Puderbeutel neben
mir auf den Schreibtisch setzte.
Was blieb mir übrig, als mei=
nem Wirth zu gehorchen, ob es
schon keine leichte Aufgabe ist,
eine so zerrüttete Biographie wie=
der in einen klugen Zusammenhang
zu bringen. Das erste Blatt
ward mir blutsauer, ehe es, in
Ordnung geschoben, zum Abschrei=
ben vor mir lag. Ich mußte den
Athem an mich halten, um die
oft winzigen Zerstückelungen der
Toulouser Scheere nicht auch noch

auf dem Stubenboden auflesen zu
müssen, oder eine aus ihrer Lage
zu verrücken; dafür bin ich aber
nun sicher, daß ich der Königin
Anna nicht um einen Buchstaben
Unrecht gethan habe.

Je mehr sich die Anzahl der
kleinen Bruchstückchen in dem Pu-
der verminderten, je geschwinder
ging es mir von der Hand. Ich
kam nach Maßgabe der Schwierigkeit mit meiner musiven Arbeit immer noch bald genug zu
Stande, wenn Du überlegen willst,
daß ich oft ein Blatt, das Du jetzt
in einer Viertelsecunde umwen-
dest, stückweise vielleicht zweihun-

dertmal umwenden mußte, um
auf die andere Seite zu kommen.
O, wie würde unſern Autoren
das Schreiben verleidet werden,
wenn ſie ſich, oder andere, ſo
abſchreiben müßten. Meine große
Geduld muß mir bey jedermann
zur Ehre gereichen, der das Hand-
werk verſteht.

Der holprige Weg lag nun
glatt und eben wieder vor mir,
und freudig pochte ich an Jeroms
Thüre. Zu haſtig im Hereintre-
ten, flogen ihm alle die aufge-
häuften Originalſchnittchen meiner
Handſchrift wie Mücken und Som-
mervögel um den Kopf und ſchüt-
telten ihren weißen Staub ab.

Er blies sich einen Weg durch
die Wolke, trat aus ihr heraus,
wie ein Apoll, setzte sich mir gegen=
über und hörte nun der Vorle=
sung meiner mannichfaltigen Aben=
teuer mit gutmüthiger Aufmerk=
samkeit zu. In meiner Krank=
heits = Geschichte, die ich, wie Du
weißt, nach Bastians Anzeige nie=
derschrieb, kam ihm nichts so
merkwürdig vor und beschäftigte
sein Nachdenken mehr, als der
stärkende ruhige Schlaf nach dem
Delirio, in welchem ich die Hälfte
meines Tagebuches zerriß und
zum Caminfeuer beförderte. „Du
nahmst,'' sagte er, „ohne Dir es
deutlich bewußt zu seyn, Gerech=
tigkeit

tigkeit an Dir selbst, und die nachfolgende wohlthätige Crise läßt sich ganz wohl erklären." Ueber den Wahrsagergeist des heiligen Fiacres neun – Monate vor der Entbindung der Königin Anna spottete er wie ein medicinischer Freigeist, lachte aus vollem Herzen über mein Verhör zu Toulouse, so wie über die Furcht, die mich auf die See trieb, und fing nun selbst an zu bedauern, daß die erste Abtheilung meiner Reise in der Asche lag.

O! es wird allen Lesern der zweyten so gehen, dachte ich.

Leyden.

Den 26ſten Mårz.

Sey aufmerkſam, Eduard, ich bitte Dich. Als ich geſtern Abends mit dem heiſern Hals eines Faſtnachtspredigers in mein Zimmer trat, fiel mir das mächtig große Packet in die Augen, das Sabatier für mich bei Jeromen niedergelegt hatte. Nun Gott erbarme ſich deiner! ſtemmte ich beide Arme in die Seite, wenn der gute Mann dir ſo viele

Krankheiten zutheilt, als dieser
Haufen Recepte voraussetzt. Mein
Körper, das gebe ich zu, bedarf
freilich mancherley Nachhülfe, aber
Jerom hat Recht mit dem Hos-
pital.

Nein, das sind sicher, besann
ich mich, die zwey Quartanten
mit Kupfertafeln, die der gelehrte
Arzt vor kurzem über die Anato-
mie herausgegeben, und sollen
wahrscheinlich ein Geschenk für
deine Bibliothek seyn. Sehr artig
von ihm! Nur ist das keine Lectüre
im Bette. Die Ansicht eines
Menschengewebes befördert unter
keinerley Umständen den Schlaf,
und vollends zergliedert verur-

U 2

sacht es mir allemal Krampf.
Bleibt mir vom Leibe, sagte ich,
indem mich ein Schauer überlief,
stieg schnell zu Bette und weiß
nun meiner Vorsicht nicht genug
zu danken. Denn, als ich heute
früh, beim Hin - und Wiedergehen
am Theetisch, den Bündel nicht
länger so vor mir sehen konnte,
ohne zu wissen, was er unter
seinem Siegel verbarg, hätte mir
wohl kein anatomischeres Werk in
die Hände fallen und mich mehr
erschüttern können, als das ich
eben auspackte.

Die fabelhafte Wiedergeburt
des Vogels Phönix versinnlichte
sich hier vor meinen Augen. Freu-

diger könnte er wohl nicht aus
seiner Asche aufflattern, als das
klopfende Herz in meiner Brust —
Erstaunter könnte er schwerlich
sein neu entwickeltes Gefieder lüf=
ten, als ich einen Heft nach dem
andern meines, bis jetzt zerrissen
und verbrannt geglaubten Tagebuchs an das Licht hob. Ich
zählte diese bunten Federn meiner
Flügel durch — es fehlte nicht
eine und mein Aufschwung zur
Unsterblichkeit war nun nicht mehr
zweifelhaft. Lange blieb ich, stumm
wie eine Bildsäule, vor ihnen stehen,
ehe ich zur Besinnung kam, mich
nach dem mächtigen Schutzgeist
umzuschauen, dem ich ihre wun-

derbare Erhaltung zu verdanken hätte.

Welcher könnte es wohl anders seyn, als der Retter meines Lebens — der verständige Sabatier. Er versteckte dem Wickelkinde das spißige Spielwerk, um es ihm, wenn es größer und klüger seyn würde, väterlich lächelnd zurückzugeben. Unter diesen Gedanken öffnete ich seinen Brief, aber wie heftig war auch nun der Gegenstoß, den meine Erwartung erhielt, als ich folgendes las: „Lernen Sie endlich, an der Grenze Ihrer Gesundheitsreise, den barmherzigen Bruder kennen, der mich mit sechs Pferden von Montpellier

abholen ließ, als Sie zu Mar=
seille mit dem Tode rangen, mich
mit rührender Beredsamkeit be=
schwor, Ihnen beizustehen, und mir
das zufällige Glück Ihrer Herstellung fürstlich belohnte. Er war
es, der Ihre Handschrift der Ver=
nichtung entriß, indem er statt
derselben Ihnen aus einer alten
Postille, die nach einem gewöhn=
lichen Schicksal, das Sie vielleicht
nie treffen wird, zu Makulatur
geworden, in der Nähe lag, die
Anzahl Bogen zureichte, die Sie
in der Fieberhitze verlangten. Sie
zerschlitzten mit sichtbarem Wohl-
gefallen einen nach dem andern,
und bezeigten, da sie im Camin

U 4

aufloderten, so viel Freude, als
bei einer guten Handlung. Diese
glückliche Täuschung hat nicht nur
Ihr Tagebuch, sondern auch eben
so gewiß den Erkrankten gerettet,
der es schrieb. Sie kühlte sein
Blut, beruhigte seine aufgeschreckte
Phantasie und verschaffte ihm
jenen erquickenden Schlaf, den
alle meine Opiate nicht bewirken
konnten, und der die Heftigkeit
seines Fiebers brach. In der
Anlage wird er sich Ihnen selbst,
und zwar nicht bloß als den sel-
tensten Menschenfreund, sondern
als den strengsten Beurtheiler Ihrer
Selbst - Bekenntnisse zu erkennen
geben. Er las sie, mit Thränen,

hinter dem Vorhang ihres Bettes,
indem er bey jeder — vergeben
Sie mir den Ausdruck — leicht-
sinnigen Aeußerung mitleidige
Blicke auf Ihr Krankenlager warf,
und Ihre verlaufenen und verschleu-
derten Tage mit den gegenwärtigen trostlosen Stunden verglich,
die, wie wir uns beide nicht ver-
hehlen konnten, von jenen nur zu
gewiß abstammten." Dieser Vor-
bericht benahm mir beinahe die
Lust, mit dem barmherzigen Bruder, auf dessen geweihtes Haupt
ich übrigens allen Seegen vom
Himmel erbitte, in nähere Bekanntschaft zu treten. Wie es
scheint, hat er meinen vorliegen-

den Text nur deswegen aus dem
Feuer gerettet, um eine Strafpre-
digt darüber zu spannen, die vermuthlich an Erbaulichkeit die alte
Postille übertreffen sollte, die er
mir zum Zerreißen preis gab; denn
welcher geistliche Redner traut sich
nicht mehr Beredtsamkeit und Sal-
bung zu, als seinem Confrater.
Ich kratzte mich lange hinter den
Ohren, ehe ich mich entschließen
konnte, sie meinem frömmelnden
Tadler zu öffnen; aber kaum, daß
ich seinen dickleibigen Brief entsie-
gelt und den ersten Blick auf die
Unterschrift geworfen hatte, so fiel
er mir auch vor Herzklopfen aus
der Hand. O diese letzte, schrie

ich laut auf, ist auch Deine schönste Ueberraschung, mein, mehr als alle barmherzige Brüder, mein theuerster St. Sauveur. Nur mit zitternden Händen konnte ich den Brief wieder aufheben, küßte und legte ihn mehrmal in seine alten Brüche, ehe ich ihn auseinander schlug und mich andächtig genug gestimmt fühlte, ihn zu lesen.

Welche Bewunderung hat er mir nicht seitdem schon abgenöthiget, in welches Entzücken mich versetzt und wie viel süße Thränen der Dankbarkeit meinen Augen entlockt. Ich schreibe Dir ihn nicht ab, lieber Eduard, nicht

bloß deshalb, weil er für die
Kürze der mir zugemessenen Zeit
zu lang, sondern auch, weil dieß
Meisterstück an Schönheit des
Vortrags, wahrer und doch scho=
nender Freundschaft mein armes
Tagebuch gar zu sehr in Schatten
stellen würde.

Wenn wir nach unserer frohen
Zusammenkunft uns erst einige
Abende hindurch an diesem matt
gelesen — der leidenschaftlichen
Sophistereien — der bösen Bei=
spiele und der schlüpfrigen Bilder,
die es hier und da enthält, genug
haben und unsere Herzen welk
fühlen; dann wollen wir uns der

Ergießungen dieser reinen Quelle
— dieser edeln, großen und füh-
lenden Seele, als eines stärken-
den Labetrunks nach vielen erschlaf-
fenden schwülen Tagen, mit desto
innigerer Wollust freuen und ohne
den Schreiber, der jene nur allzu-
treuen Gemälde einer unsittlichen
Welt abstahl, in die Hölle zu ver-
dammen, dem frohen, festen Sinn
seines gutmüthigen Tadlers für
Tugend und Menschenwürde, vorzüglich aber den geheimen ver-
schlungenen Wegen nachspüren, die
ihn zu dem Gipfel, von dem er
nun auf uns herabsieht, erhoben
und die wir, troß unserer Scharf-
sichtigkeit, lieber Eduard, beide

noch nicht entdeckt haben. O warum kann ich ihm nicht in diesem Augenblick für den hohen Genuß seiner sanften Belehrung dankend zu Füßen fallen! Wie, um Gottes willen, ging es zu, daß ich nicht schon aus der zarten Behandlung meiner bis zum Zerbrechen gesunkenen Maschine, den Freund errieth, der allein Menschenkenntniß genug besaß, sie wieder in ihre physischen und moralischen Fugen zu zwingen. Mußte mir erst sein Brief den Retter meines Taschenbuchs kennen lernen?

Wen — außer Ihn, hätte ein so feiner Tact leiten können, die

Nachwehen eines sich selbst ver-
nichtenden Autors zu fassen —
das Unglück, das er seinen Gei-
steskindern drohte, abzuwenden
und seine lebenslängliche Trauer
über aufgeopferten Nachruhm in
ein wahres Auferstehungsfest zu
verwandeln? Wie konnte ich zu
Marseille, und auch hier noch,
fuhr ich immer staunender zu fra-
fragen fort, einem unbekannten Mönche jene Ehrfurcht für
einen Weltmann, die brüderliche
Sorgfalt an meinem Krankenbette,
die uneigennützige Verzichtleistung
auf Kosten = Ersatz — Belohnung
und Dank — wie konnte ich ihm
einen Augenblick zutrauen, daß er

U 8

an einen sterbenden Ketzer wichtigere Geschenke wagen würde, als einen geruchlosen Rosenkranz und die letzte Oelung?

Wie ging es zu, — schlug ich mich zuletzt noch vor die Stirne, daß keiner meiner Wächter und Wärter mir das Geheimniß verrieth? Bastian half mir aus dem Traum. „Wir,“ sagte er, „so viel unserer waren, sahen diesen Abgesandten des Himmels nur schwarz gekleidet vor Ihrem Bette und nach seiner -Verschwindung kein einzigmal wieder.“ Jetzt begriff ich, warum der Schlaue, aller französischen Höflichkeit entgegen,

gegen, mich nie mit einem Gegen-
besuche beehrte, — nie zu einer
gemeinschaftlichen Spazierfahrt ab-
holte, und so fremd mit meiner
Haushaltung that, als habe er
in seinem Leben kein Wort von
dem alten Maler Sperling und
den beiden Puppenspielern gehört,
ob ihm schon ersterer eine fast
verlorne Erbschaft und die andern
ihre Befreiung von Tortur und
Galgen zu verdanken hatten.

Hochgepriesen sey mir sein
System. Noch hat kein anderes
meine Seelen - Kräfte so auf einmal, wie durch einen electrischen
Schlag zu erschüttern vermocht,
als seine heutige Ueberraschung.

Gleich dem sokratischen Genius
leitete mich seine unsichtbare Hand
bis zu dieser seligen Stunde der
Erkenntniß. O daß sie, rief ich
kleinmüthig aus, für die höchste
meiner Lebensfreuden mit demselben Gelingen fortwirke! — stellte
mich an das Fenster, blickte,
Thränen der Zärtlichkeit in den
Augen, gen Himmel und dachte
eine ganze Weile noch an Ihn
und Agathen, ehe ich meinen großen Fund unter den Arm nahm
und nach Jeroms Studierzimmer
eilte. „Hier bringe ich Dir,"
trat ich vor seinen runden philosophischen Drehstuhl und Arbeitstisch,
„meine weitläuftige Krankheits-

Geschichte nebst allen dazu gehörigen Belegen an Heilungs = und Präservations - Mitteln. Untersuche doch, ob sie des Aufhebens werth sind. Dein Ausspruch soll entscheiden." „Gut, lieber Wil'm," wendete er sein ernsthaftiges Gesicht von seiner Schreiberei ab gegen mich, „das hat aber Zeit bis auf den Abend. Jetzt habe ich mein Nachdenken für preßhaftere Personen nöthig, als Du bist. Allen Respect," staunte er mein Packet an, „für den gelehrten Sabatier, aber was will er mit diesem Schwall von medizinischen Verordnungen? Der Arzt, glaube mir, kann so gut, als der Mo=

ralist, seine Lebensregeln auf eine Quart-Seite bringen — Doch lege nur einstweilen Deine Gegenbeweise," streckte er ungeduldig seine Feder einem Lesepult zu, "dorthin neben Zimmermanns Erfahrungen, und wenn Du nichts besseres vorhast, so besuche indeß so lange unsere Hörsäle, Professoren, Kirchen, Armen-Anstalten, oder was Du sonst willst, bis ich Dir wieder zu Diensten seyn kann."

"Du bist heute kurz angebunden, lieber Jerom," erwiederte ich. Statt zu antworten, reichte er mir, mit einem Blick, der mir ans Herz ging, die Namen-Liste aller der Leidenden hin, die auf

Strohfäcken und seidenen Betten
nach baldigem Trost aus seinem
Munde ächzten, tunkte seine Feder
frisch ein und schrieb weiter. Ich
erschrak über dies übernächtige
schwarze Register so sehr, daß ich,
wie von Gespenstern verfolgt, aus
seinem Museo nach dem uner-
träglich leeren meinigen flog. Hier,
nach einem kurzen Besinnen, versuchte ich das möglichste, um mich
aufzuheitern, aber es ging nicht.
Umsonst durchbilderte ich eben so
zaghaft meine leicht zerbrechliche
historische Scheiben - Sammlung,
als mit poetischer Dreustigkeit
jene noch im Archiv der Liebe ver-
schlossene, von Agathens Reißen;

X 3

aber auch diese so oft erprobte Linderung wollte nicht anschlagen. Fort dann, rief ich, in die freie Luft! und machte mich mit meinem verstimmten Instrumente auf den Weg, spannte die Saiten aufs höchste, brachte aber doch nichts, als Mißtöne hervor. Nach einem irrenden Spaziergang längs dem Canal, schleuderte ich verdrossen auf den Marktplatz, und, nachdem ich hier und dort lange genug andern im Wege gestanden und von dem Vorgesehn der Lastträger, die den geraden ihrigen gingen, erschreckt worden war, flüchtete ich, einfältig genug, dem deutschen Caffee = Hause vorbey

in das holländische. Da hatte
ich es vollends getroffen! An
der Vaterlandsche Courant, die
man mir hinschob, war mir so
wenig gelegen, als an einem
Glas Genever, das man mir vor-
setzte, und bey der schwatzenden
Gesellschaft, die sich in langsamer
Bewegung durchkreuzte, verunglückte mir jede höfliche Annähe-
rung. Meine Wetter‑Beobach-
tungen und andere dergleichen unschuldige Einleitungen zum Gespräch, mit denen ich in Berlin
recht gut durchkomme, machten
hier nicht den geringsten Eindruck.
Ein kurzes ja woel myn heer
war der ganze Weihrauch, den

mir hier und da einer aus seiner Pfeife unter die Nase blies.
In Avignon, Marseille und andern artigen französischen Städten
sah ich mich oft noch Stunden-
lang von einer hübschen Aufwär-
terin, oder einem gesprächigen
Marqueur aufgehalten, wenn ich
schon meinen Hut von der Wand
gelangt hatte. Hier bekümmerte
sich keine Seele darum. Man
ließ mich ruhig über die Schwelle,
sobald ich mein Doppelchen für
die Ansicht des mir zugemutheten
Aquavits auf den Teller gelegt
hatte.

Schmollend, ohne recht zu
wissen, ob über die hiesige oder

meine gewohnte Lebensweise, schlug
ich einen längern Umweg durch
schnurgerade Gassen, nach — wie
soll ich es nennen? nach einem
leidlichern Gefühl ein, und ge=
rieth, als wenn heute ein böser
Geist sein Spiel hätte — unver=
muthet an das Eckhaus, wo ich
ehemals gewiß bequemer wohnte,
als Peter der Große während
seiner Studien des Schiffsbaues
zu Sardam. Ein struppiger Titus=
kopf streckte sich jetzt aus demsel=
ben Schubfenster vor, aus wel=
chem ich sonst mit gekräuseltem
Haar über die vier Facultäten
hinweg in die offene Welt lachte.
Noch immer, wie zu meiner Zeit,

verzierten japanische Blumentöpfe
das Ruheplätzchen des Erkers, wo
ich so oft Jeromen die Schweiß=
tropfen von der Stirne trocknete,
wenn er ermüdet aus dem bota-
nischen Garten zurückkam. Die
drey Universitäts = Jahre, die ich
als Miethmann neben seiner Studierstube — ach, ich mag es ein-
kleiden, wie ich will, — gedan-
kenlos, — aber das muß auch
wahr seyn, — sehr jovialisch ver-
tändelte, gaukelten mir in der
lebhaftesten Erinnerung vorüber.
Dennoch ward es mir auf einmal so unheimlich in der Nach-
barschaft dieser meiner Jugend-
Herberge, daß ich mir den Sporn

gab und mit dem immer beibe-
haltenen Eifer für die Naturge-
schichte, den Meerwundern auf
dem Fischmarkt einen fliegenden
Besuch machen wollte; aber kaum
war ich um den Laternen - Pfahl
herum, so stieß ich — da ich es
in dieser Prüfungs - Stunde gerade
am wenigsten wünschte, — auf
meinen lieben Schulfreund, den
in allen Gassen beschäftigten Jerom.
„Wo kommst Du her?“ warf
er mir im Fortgehen die Frage
vor. „Von der Betrachtung“ —
rieb ich mir die Stirn — „unserer
ehemaligen Wohnung, und Du?“
— „Aus der Marterkammer,“
erwiederte er, „einer zum ersten-

mal gebärenden, — aber nun mit
dem frohsten Erstaunen belohnten
Mutter, der ich eben die Aus-
beute eines schönen Jungens zu
Tage gefördert und an die bebende
Brust gelegt habe. Jetzt gehe
ich, wenn Du mitwillst, in das
Arbeitshaus, um ein wenig aus-
zuruhn — und dann in der Nähe
dort, zu dem ungeduldigsten Do-
mine von der Welt, um ein ihm
sehr dienliches Quartanfieber zu
bewillkommen, das — er sah nach
der Uhr — in Zeit einer halben
Stunde eintreffen wird." „Wohl
bekomme Dir, lieber Jerom,"
hing ich mich gähnend an seinen
Arm, „Deine Visite beym Do-

mine und Deine Ruheſtunde im
Arbeitshauſe. Dazu wäre mir
aber eine Bilder = Gallerie lieber,
wenn eine da wäre." „Das iſt
Dir zu glauben," lächelte er,
„leider nur ſind dergleichen Aſyle
des Müſiggangs — das mußt
Du ja von Alters her wiſſen —
bei uns nicht hergebracht. Wir
benutzen unſere Säle zu noth-
wendigern Dingen — nicht aus
Geringſchätzung der Kunſt und
des Geſchmacks," antwortete er
meiner ſpöttelnden Miene — „denn
wie viele unſerer wohlhabenden
Einwohner beſitzen nicht Samm-
lungen von den ſchönſten Gemäl-
den, aus denen man eine größere,

als die Düsseldorfer ist, zusammen=
setzen könnte." „Ja, ja," nickte
ich mit dem Kopfe, „wohl Schade
um die Meisterstücke der nieder=
ländischen Schule, — um Eure
Rembrands, — van Dyks —
Gerhard Dauws — Wouvermanns
und de Wit's, deren so viele
noch in den Achter - und Bin-
nenkammern und Comptorchen
gemeiner Bürger, unverantwort=
lich zerstreut und dem ehrsamen
Publicum versteckt sind. Her=
kömmlicher Weise? sagst Du.
Nun ja! aber ich möchte auch
wohl wissen, was es in Holland
nicht wäre? von seinen Gesetzen
und Sitten an, bis auf die Phy-

ſiognomie ſeiner Gärten, Dörfer
und Städte. Der Genius der
Zeit vermag nichts über das ewige
Einerley Eures mit Recht bewun-
derten Landes, wenn man es
nemlich zum erſtenmal ſieht; käme
aber auch ein Reiſender wieder
nach hundert Jahren zu Euch,
ich wette, er findet weder eine
modiſche noch äſthetiſche neue Anlage, oder eine merkwürdige Er-
ſcheinung unter Euerm Horizont,
die vorher noch nicht da war.“
„Das will ich Dir,“ endigte
Jerom unſer Gaſſen - Geſpräch,
„nächſten Tages durch den Augen-
ſchein widerlegen,“ und ſo trennten
wir uns am Thore des Werkhau-

ſes, bis uns der Mittag wieder zuſammen brachte. In einer holländiſchen Stadt tritt er pünktlich — faſt ſo ſpät, als in Regensburg, aber, als Nothhülfe der, aufs genaueſte berechneten, phyſiſch errungenen Erſchöpfung, ſo reich ausgeſtattet, als dort, ein, ſchreitet abgemeſſenen Gangs von einer nahrhaften Schüſſel zur andern fort, bis unter den zuſammenfließenden Nebeln des Thees, Tabaks und der Canäle die Stunde der Verdauung und geſellſchaftlichen Unterhaltung über die Ernte-Tabellen der Börſe, proteſtirten und acceptirten Wechſel, geglückten oder mißlungenen Speculationen,

tionen, anbricht. Da ist es denn kein Wunder, wenn während dem unser Eins sich nach den ganz andern Zeitverkürzungen in Berlin zurück sehnt.

Leyden.

„Und wenn Du nun,“ ſagte Jerom, als ich beim Frühſtück des Heimwehs, das mich geſtern befiel, und der Bewegungsgründe erwähnte, die es auch heute noch, laut genug, unterſtützten, „jene Zeitkürzungen erreicht haſt, — die ich Dir wohl ſo fein zerglie- dern wollte, als den unnatürlichen Auswuchs eines ſchwammigen Kör-

pers — wirst Du Dich darum
in Deiner speculativen Schlafkam-
mer, — wie ich sie einstweilen
so nennen will — glücklicher und
großherziger zu Bette legen, als
ein betriebsamer Spediteur allge-
meiner Bedürfnisse — ein Banquier von Credit — ein thätiger
Negociant in der seinigen? wirst
Du von Deinem Ausflattern in
den leeren Raum der vornehmen
Welt weniger ermüdet und zufriedener zurückkommen, als jene von
den Schiffswerften, — den Pack-
häusern und der Börse? Kannst
Du aus Deiner erhabenen Sphäre
— können alle, die Dir gleichen,
wohl das Herz haben, mit Stolz

auf unsere Demuth — mit Neid
auf unsern Erwerb — mit Spott
auf unsere einfachen Erholungen herunter zu sehen? Gesetzt sogar, lieber Wil'm, laß uns immer einmal ernstlich darüber sprechen, Du
könntest Deine viel bedürfende
Weichlichkeit in Allem befriedigen
und stiegest nur an Blumen - Ge-
ländern, erst nach einem Seculo,
wie Fontenelle, ins Grab, würde
Dein langgedauertes Daseyn, bei
allen genossenen Freuden, ver-
dienstlicher, als das unsere, und
die Erde Dir darum leichter werden, als uns und allen und jeden
dienstbaren Bienen an dem großen
Honigstocke der Welt? — —''

Dergleichen Hohlspiegel lasse ich
mir nun nicht gerne lange vor's
Gesicht halten, drum drückte ich
dem Redner, als wenn es aus
dankbarem Gefühl geschähe, stillschweigend die Hand und ließ ihn,
um nicht als Raub - Biene seine
Stachel zu reißen, so viel Wachs,
Saft oder Wasser, als er fort-
schleppen konnte, den Zellen seiner
summenden Mitgehülfen zutragen.
„Ich gönne" murmelte ich hin-
wärts nach meinem Schreibtisch,
„dem fleißigen Gewürm seine
Freude von ganzem Herzen. Mehr
kann ich, mehr kann ein Cammer-
herr nicht thun. Unsere zwar schön
vergoldeten Schlüssel — übrigens

aber, das wissen wir alle, von dem schlechtesten Metall, können freilich weder Vorraths - noch Werk- häuser öffnen, denn sie öffnen gar nichts und schließen nirgends, müs- sen jedoch, wie alles in der Welt, zu etwas nütze seyn, weil sie da sind. Bei dieser tiefsinnigen Aus- rede ließ ich es einstweilen be- wenden.

Leyden.

Den 30ſten Mårz.

Es war mir die paar Tage her
ganz unluſtig zu Muthe, und
dabey recht Angſt, daß Jerom
mit Unterſuchung meiner hand-
ſchriftlichen Beichte nicht ſo ge-
ſchwind fertig werden möchte, als
ich abzureiſen wünſchte, denn er
erwähnte derſelben bis heute Morgen mit keiner Sylbe. Er habe,
führt' er zur Urſache an, in meinem Prozeß mit der Moral —

Y 4

ein sonderbarer Ausdruck — manche
Seiten mehrmal überlesen müssen,
um meine Sophistereyen ins klare
zu setzen, und sein Endurtheil doch
auch nicht eher abgeben mögen,
bis er nicht erst selber darüber mit sich einig geworden wäre,
müsse aber zu seiner Schande ge-
stehen, daß es ihm damit nicht
besser geglückt sey, als den meisten Facultisten mit Criminalacten.
„Meines Dafürhaltens,‟ fuhr er
fort, „thust Du am klügsten, Du
stellst Deine Sache der öffentlichen
Meinung und der Mehrheit der
Stimmen anheim. Hätte dem
Vagabonden, werden nun wohl
die meisten Leser mit mir überein-

denken, immer ein Arzt, wie Sabatier, ein Mentor, wie St. Sauveur, zur Seite gestanden, seine Reisebeschreibung wäre Zweifels ohne nicht minder erbaulich und nützlich für unsere Kinderstuben ausgefallen, als weiland Fenelons seine vom Telemach, denn sich selbst überlassen, belehrt uns sein Tagebuch nur zu deutlich, kommt er in allem Guten eher zurück, als vorwärts." Ich schickte mich an, meine Einwendung dagegen vorzutragen, aber „Auf den Abend" unterbrach er mich, „wenn mein Tagewerk vollbracht seyn wird, das Weitere davon!" entfernte sich und läßt mich sonach noch

immer über seine endliche Ent-
scheidung in Ungewißheit.

———

Seit der Theestunde ist meine
Angst vorbey. Mein Tagebuch —
kann ich Dir nicht eilig genug zu
wissen thun, — hat die letzte
Probe, die ich noch erwartete,
hat nun mit der seinigen die Kri-
tiken zweier gleich großen Welt-
und Menschenkenner, als es nicht
leicht nach ihnen einer wieder vor
die Brille nehmen wird, überstan-
den. Wie viele Deutsche Bücher
mögen wohl dieselbe Aufmunterung
vor sich, und einen so schönen

Beruf haben, ihre Wurzeln auf
dem vaterländischen Boden weiter
zu schlagen. Nur nicht so verwundert gethan, mein lieber Eduard! Du wirst doch wohl nicht
immer meinen Autor - Kißel für
Scherz gehalten haben, wenn ich
mit lachendem Munde davon sprach,
denn kann man denn wohl von
diesem Jucken sprechen, ohne selbst
darüber zu lachen? Ich unterliege
ihm jetzt vollends, so schwach als
ein Kind. Weder Dein Ernst,
noch Dein Spott darüber sollen
mich anfechten, denn wenn uns,
sage ich mir, ein längst todt ge-
glaubter Freund nach unendlich
überstandenen Gefahren zu Was-

Y 6

fer und zu Lande, auf einmal, frisch erhalten und lustig in die Stube gepoltert kommt — laß ihn selbst schmutziger erscheinen, als den verlornen Sohn in der Bilderbibel, wie verschränkt müßte das Herz seyn, das nicht in der unaussprechlichen Freude des Wie-dersehens, wenigstens seine Haus-nachbarn, Blutsfreunde und an-dere liebe Bekannte, zusammen trommelte? Und ist das nicht ganz der Fall mit mir, meinem Tagebuche und seinen Lesern? Frei-lich — kann ich nicht läugnen — hätten seine beiden ersten Besich-tiger gern verschiedene der Ma-lereien, die es mitbringt, retou-

schirt, einige verschliffen, andere
wohl gar, in der andächtigen Stimmung des verstorbenen Herzogs
von — — — — vernichtet, um
den Hofdamen kein Aergerniß zu
geben. Was sagen aber auch die
Freunde der Kunst zu seiner Bilder-
stürmerey? Er verschonte so wenig
die Unschuld der Bathseba, als
den trunkenen Lot mit seinen Töch-
tern, von van der Werft —
weder Rubens fleischige Grazien,
noch die schlankesten badenden
Nymphen von Albano — ließ von
seinem Cabinetsmaler alle acade-
mische Nuditäten in der väterli-
chen Verlassenschaft, je reißender
sie waren, desto eher, aufs neue

grundiren und erbaulichere Figuren darauf setzen. Nun sah es freilich kein Mensch dem König David mit der Harfe, den Prinzessinnen des Hauses, oder andern Familien = Portraits an, was hinter ihnen steckte, und der Teufel konnte sein Spiel so wenig damit treiben, als der Herzog selbst, denn er starb ohne Kinder.

— Meinen armen Zeichnungen wäre es, wie gesagt, nicht besser ergangen, hätte es nur ohne Nachtheil des Zusammenhangs so leicht geschehen können, als in jener fürstlichen Bilder = Kammer.

Aber St. Sauveur, der sie aus dem Feuer riß, ließ seine,

zum Verſuch des Ausbeſſerns er-
hobene Hand ſo gut ſinken, als
Jerom, der mir mein Portefeuille
nach dreytägiger Durchſicht mit
einer Erklärung ſo eben wieder
zurück gebracht hat, die ich lieber
verſchwieg, wenn ich etwas zu ver-
ſchweigen gewöhnt wäre. „Hier,
Wil'm,“ trat er mit einem Lächeln,
das mir nicht gefiel, in mein Zimmer, „haſt Du Deine — wie
Du ſie zu nennen beliebſt, —
Recepte wieder. Als Arzt weiß
ich gar nichts damit anzufangen.“
— „Gar nichts?“ fiel ich ihm
in die Rede. „Das iſt arg!“
„Und als Philoſoph,“ fuhr er ächt
holländiſch fort, „eben ſo wenig.“

„Gieb Dein Werk aus, für was Du willst, nur nicht für ein moralisches Vehiculum — dazu ist und bleibt es verdorben. Das wenige Gute, was hier und da darin, gleich Weizenkörnern unter Spreu, verstreut liegt, würde keine Hand voll dienlicher Aussaat betragen, wenn man sich auch die undankbare Mühe geben wollte, sie von ihrem Unrath zu sichten. Und wem könnte am Ende auch wohl auf einem Erdstrich, der von Cultur so strotzt, wie Dein Vaterland, mit solch einer Kleinigkeit gedient seyn?" Ich runzelte die Stirn und schlug die Augen zu Boden. „Deine Offenher-

herzigkeit" fuhr er nach einer
zwar kleinen, aber doch immer
sehr demüthigenden Pause fort,
„und die Wahrheit deiner. Oh-
renbeichte, ob sie schon der neu-
gierigste Sündenerforscher weniger
treu wünschen würde, verdient indeß —" ich schöpfte wieder Athem,
— „einige Schonung. Es steht
vielleicht zu hoffen, daß sie manchen
Verstockten, der sich vor Priestern
und Leviten weiß brennt, zum
erstenmal schamroth mache — Gott
gebe, daß es nur nicht auch in
weiblichen Engeln das Blut hebt!
— und ist beinahe das einzige,
was mich abhält, auf gänzliche
Unterdrückung Deiner buntschäckig-

ten Selbſtbekenntniſſe zu ſtimmen. Möglich auch, daß ſie andere, der Sittlichkeit noch ſchädlichere Schriften — ſophiſtiſche Romane — caſuiſtiſche Betrügereien — aus den Leſezirkeln verdrängen, und ſo kann man freilich nicht wiſſen, ob Du nicht zufällig der Welt wohl gar noch einen Ritterdienſt leiſteſt.''

,,Die ſcharfe Lauge, welche Kunſtrichter'' ſetzte er ironiſch hinzu, ,,über den Verfaſſer ausgieſſen werden, ſoll es übrigens wohl verhindern, daß dieſer nützlichen Tagebücher nicht zu viele entſtehen, denn ihre Vervielfältigung könnte leicht ein anderes Unglück anrichten, das den, ohnehin zweideutigen Werth des Deinigen weit überwöge, nemlich" — ich horchte hoch auf — „daß leichtsinnige kurzsichtige Jünglinge die Fehltritte, deren Du auf Deiner paarmonatlichen Reise so viele begingst, und unbefangener, als nöthig war, eingestehst, für den, allen vernünftigen Menschen gewöhnlichen Fortgang zur Erkenntniß hielten, und aus Furcht, eine Ausnahme zu machen, immer weiter von der rechten Straße abkämen." Ich war heilfroh, daß der liebe Strafprediger abgerufen ward, aber er kam nur zu bald, und zugleich auf seinen verlassenen Text wieder

zurück. „Da haben wir,“ warf
er ingrimmisch seinen Hut in die
Ecke, „die Folgen eines unbewach-
ten Lebens in terminis. Eben
komme ich von dem Bette des
Elends eines jungen Mannes,
der mit der langwierigsten aller
Todesarten — mit der Schwind-
sucht kämpft, und Vergehungen an
der wohlthätigen Natur mit der
Rückendarre büßen muß. Weh-
müthig hängen seine hohlen —
an den großen blauen, thränenden
Augen einer ihm seit kurzem un-
verdient zu Theil gewordenen lie-
benswürdigen Gemahlin, deren
Umarmung ich ihm als einen
Meuchelmord untersagt habe, durch

den er die Schuld seiner Selbst-
entleibung — es ist schrecklich zu
denken — noch in der Verwesung
bis zum Greuel seines Andenkens
vergrößern, und über seinen Grab-
hügel eine Saat von Nesseln ver-
breiten würde."

„Die einst so frischen Bilder
seiner, der Wollust geopferten
Tage umgaukeln jetzt als ver-
zerrte Masken sein Lager, und
jene grausamen Spielwerke seiner
tändelnden Hand — jene der Unschuld abgelockten Schleyer, fallen
jetzt, als so viele drückende Lei-
chentücher, über sein brennendes
Haupt. Bange, schlaflose Stunden treten an die Stelle verlau-

fener flüchtiger Freuden, und ver-
kümmern ihm, gleich unbarmher-
zigen Gläubigern, die Schluß-
rechnung seines vergeudeten Lebens.
Aerzte, Philosophen und Priester stehen niedergeschlagenen Ge-
sichts vor dem nach Beruhigung
Aechzenden; denn welche Kunst
und Wissenschaft vermöchte solch
ein Verschmachten — diese Seelen - Angst — dies Grausen vor
der Zukunft zu heben?" „Halt
ein, lieber Jerom," unterbrach
ich ihn, „solche schauderhafte Gemälde kann nur ein Arzt, wie
Du, kann nur ein Zergliederer
entwerfen, der eines schneidenden
Messers gewohnt ist." „Nein,"

erwiederte er, „ich stelle Dir nur eine von den täglichen Erfahrungen für jeden Beobachter entgegen, der seine Augen gebrauchen will. Dir selbst sind ähnliche Trauergestalten auf Deinen Schleifwegen begegnet, Du hast sie oft treu genug abgezeichnet, aber ihren Eindruck immer wieder durch schnellen Uebergang zu andern leichtfertigen Bildern geschwächt. Das ist der größte Vorwurf, den ich Deiner Art zu malen mache, ob ich Dich gleich zu gut kenne, um Dir eine gottlose Absicht dabey Schuld zu geben."

„Kannst Du, zum Beyspiel, bei der öffentlichen Ausstellung,

die Du vorhaſt, und zu der ſich,
wie gewöhnlich, gewiß mehr neugierige, unerfahrne Müßiggänger
drängen werden, als unbeſtechbare
Kenner, jenen Avignoniſchen Zeichnungen ihre verführeriſche Wirkung benehmen?" „Ja, das
kann ich," hielt ich ihn beim
Aermel, da ihn eben ein Billet
von einer kritzelnden weiblichen
Hand, bei deſſen Durchleſen er
die ſeine einigemal an die Stirne,
und die Augen mit ſichtbarem
Entſetzen in die Höhe ſchlug,
ſchnell auszugehen nöthigte, „wenn
Du mir erlaubſt, nur dieſen einzigen Fall Deiner Praxis in mein
Tagebuch einzutragen, ich will
Dich

Dich auch gern nicht über den Brief
noch abhören, der Dich eben so ge=
waltig erschreckt hat. Für meine
Kunden wird schon dieser Erguß
Deines empörten menschlichen Her=
zens hinlänglich und der beste Tem=
perirtrank seyn, den ich ihnen
neben jenen französischen Philters
vorsetzen kann, die ich an der Grenze
gegen deutsche Quacksalbereien ein-
täuschte. Es müßte doch wunder=
lich zugehen, wenn sie nicht ihre
eigene Vernunft über den Gebrauch
des einen und den Mißbrauch der an=
dern verständigte." „Meinst Du?"
brach er die Unterredung kurz ab,
nahm seinen Hut und überließ
mich meinem Protokolle.

Z 5

Und so möge denn meine Hoffnung zu Euch, Ihr meine jungen, leicht zu befangenden, oft allzugefälligen Leser nicht fehlschlagen!

Vorstehendes Gespräch mit einem der ehrlichsten Laboranten guter Tisanen für Körper und Geist, das ich Euch so frisch hinreiche, als jene Frühlings- und Herbstblumen, die ich, ein bloßer Dilettant in der Botanik, mit Kletten und Disteln, bunt durch einander, wie sie mir auf meinen Wanderungen in die Augen fielen, zu einem Strauß band, ist mir, ich gestehe es, schwer über die Feder gegangen.

Dafür aber auch, dachte ich,
muß diese heroische Verläugnung
der Eigenliebe am Schluß eines
Tagebuchs in allen guten Seelen
eine ganz andere Rührung bewirken, als der Eingang der Selbst-
Bekenntnisse meines großen Vor-
gängers. Gutmüthiger —
fühle ich mit innerer Zufriedenheit, hat sich wohl nie ein Deutscher Autor gegen seine Leser —
und weniger schlau gegen die
Recensenten benommen. Ja, selbst
wenn jene — ich erstaune über
die männliche Entschlossenheit meines Herzens — auch noch St.
Sauveurs Brief einzusehen, und
diese, die sich auch damit nicht

abfertigen laſſen, eine Geiſelung von meinen eigenen Händen verlangen, die bis aufs Blut geht. Auch das! Man laſſe mich nur erſt Berlin und meine Studierſtube wieder erreicht haben.

———————

Leyden.

Den 1sten April.

Heute also, Nachmittags, will Jerom mich mit der Seltenheit seines Landes, auf die er mich vorgestern vertröstete, bekannt machen, die wir selbst, setzte er jetzt noch hinzu, während unsern academischen Lehrjahren, wo uns doch kaum etwas unglaublich vorkam, nicht für möglich würden gehalten haben, und was bis jetzt noch in

Z 7

keinem bekannten Erdstrich, außer Italien, zur Reife gediehen wäre. „Im Freyen?" fragte ich. Er bejahete es. „Nun so wird es Zuckerrohr, Ananas — oder wohl gar die beste Frucht der Welt, die Mangostine seyn, die ich auf St. Sauveurs Hochzeit, einge- macht nur, schon über allen Aus- druck vortrefflich fand." Er ging von mir, ohne zu antworten, be- stellte die Mahlzeit eine Stunde früher und zugleich den Ruf für uns beide allein auf der Amster- damer Treckschüte.

Mag es doch seyn, was es will! Nil admirari war Rousseaus Devise und soll auch von heute an die meinige seyn.

———

Wenn Du etwan dachtest, ich sey in April geschickt worden, so hast Du zu früh gelacht, guter Freund. Nein, ich habe heute — an dem letzten Abend meines Hierseyns und sonach recht zur gelegenen Zeit einen in der That höchst merkwürdigen Schlußstein für das Gewölbe meines Tage= buchs nach Hause gebracht und lasse nunmehr der patriotischen Behauptung Jeroms volle Gerech= tigkeit wiederfahren. Für die un= serer Maschine so nöthige Erho=

lung nach einer guten Mahlzeit
kenne ich doch nichts zweckmäßige=
res, als eine holländische Treck=
schüte. Unsere Fahrt wie auf
Oel, von Leyden bis zu einem
der nächsten Dörfchen, dauerte
etwan Dreiviertel = Stunden.

Nachdem wir zwischen den
freundlichen Gestaden des Canals,
wie an den Säumen eines aufge=
rollten Atlasbandes, vielen kauf=
männischen Ruhepuncten zum
Natur = Genuß eines Tages in
der Woche, mehrern hölzernen
Landungs = Plätzen am Rande —
unzähligen Warnungstafeln vor
Fußangeln — den Schlangenstä=
ben manches Merkurs, der als
Haus=

Hausgöße von seinem Hochaltar
über die Hecken blickte — und
allen den thönernen Fama's, die
zu blasen drohten — glücklich vorbei, kraft eines Enterhakens an
einen Fußsteig ausgesetzt wurden,
der hundert Schritte davon einem
kleinen Flecken zuführte, — stand
Jerom auf einmal bei einer frei-
liegenden Bude, gleich einer Laterne,
still, aus der uns, unter einem
Aufbau lieblicher Blumen und
Früchte, ein noch anlockenderes
Mädchen - Gesicht entgegenfunkelte.

Die Schöne, als hätte sie
unsern Besuch erwartet, öffnete —
und ich blickte verwundert auf meinen Anführer — ihre Glasthüre.

A a

Er trat mit mir ein, schob
den Nachtriegel vor, ließ die
flohrnen Vorhänge an den Fen-
stern herunter und versetzte uns
in eine künstliche Dämmerung,
vor der ich beinahe erschrak.
„Wie gefällt Dir," raunte er mir
nun halb laut ins Ohr, „dies
liebe Kind?" und reichte ihr ver-
traulich die Hand. Ach mehr als
zu wohl, dachte ich, aber zu
einem Natur = Wunder gehört doch
noch mehr, als ein paar blaue
schmachtende Augen, ein lächeln-
der rosiger Mund und Grübchen
— zum Versinken des Kusses —
in den verschämten Wangen. Er
schien der Entwickelung meiner

Gedanken, Schritt vor Schritt,
wie ein in der Gegend einheimi-
scher abgefeimter Spion zu folgen
und brach sein listiges Stillschweigen endlich mit der verfänglichsten
Gewissensfrage: „Du hast, lieber Wil'm, ich weiß es, vieles
Schöne und Ausgezeichnete in der
weiblichen Welt, — aber hast
Du wohl je mehr anspruchlose
Grazie, eine unversicktere reine
Seele in einer fröhlichern jungfräulichen Bildung gesehen, als
mit der ich heute einen so lüsternen
Reisenden, als Du bist — in
April schicke?" Ob ich je etwas
reitzenderes gesehen habe? fing ich
heimlich seine Frage auf — O ja!

Margots Jugend blühte einem noch reichlichern Erntefeste entgegen — Clärchen konnte die Augen noch sittsamer niederschlagen, ohne daß sie mich in April schickte — und o mein Gott! vollends Agathe — — aber wie kann der ehrliche Mann ein unschuldiges Mädchen — gleich einem Sclavenhändler zu Tunis, so ins Gesicht loben! Die Kleine konnte für Verlegenheit kaum athmen, ob sie schon an solche Ausstellungen einigermaßen gewöhnt schien. Ich fühlte immer mehr Mitleiden mit ihrer beleidigten Bescheidenheit, je länger ich das bängliche Steigen und Sinken ihres mouselinen

Halstuchs verfolgte. „Nun, lieber Wil'm,“ weckte mich endlich Jerom aus meiner tiefen Betrachtung, „Du willst ja ein Physiognomist seyn; erräthst Du noch immer nicht? — — — „Was soll ich denn errathen? staunte ich schweigend bald ihn, bald die räthselhafte Blumenhändlerin an. „So wisse denn,“ zog er mich nach einer peinlichen Weile, durch die er meine Zweifelsucht von vorgestern nur zu sehr bestrafte, aus meiner lächerlichen Ungewißheit, „daß unter dieser jugendlich kostbaren Hülle — eröthen Sie nur nicht zu sehr, gutes Kind — ein noch größerer Vorzug verborgen liegt,

der nicht für so national, als jene,
sondern für eine, unter unserm
Horizont ganz unerhörte Seltenheit gelten muß — eine — warum
wirst Du so unruhig, Wil'm?
— eine ländliche Muse, eine
holländische Improvisatorin." —
„Du willst scherzen," zischelte ich
ihm mit ganz sonderbar beklemm-
ter Brust ins Ohr. „Nichts weniger," antwortete er laut. „Du
hast doch Pergament und Blei-
stift bei Dir? Nicht wahr, liebe
Emilie, Sie erlauben diesem un-
gläubigen Herrn, die Probe mit
Ihnen zu machen?" Diesen Aus-
gang hatte das schöne Landmädchen vermuthlich besser vorausge-

sehen, als ich. Daher ihre vorige
schamhafte Verlegenheit und ihr
jetziges freundliches Nachgeben.
„Ich würde es nicht wagen,"
stotterte sie in angenehmer Ver-
wirrung — „meinen Waldgesang
einem Ohre vorzutönen, das durch
große Virtuosen so verwöhnt ist,
als ein deutsches — aber mein
Arzt, mein Beschützer, verlangt
es, und ich bitte Sie, mein Herr,
mir ein beliebiges Thema anzu-
geben, aber ja nur eins, das mir
nicht fremd ist und keinen Tief-
sinn verlangt." „Nun bei Gott!"
— erwiederte ich und schlich in der
Tasche meiner Schreibtafel nach,
„wenn es Ernst ist, so wüßte ich
Aa 4

kein schicklicheres vorzuschlagen, als Ihr eigenes schönes Gewerbe, das für die phantasierende Dicht-kunst wie gemacht ist," mit einem freundlichen Hinblick setzte ich scher-zend hinzu, "auf Ihren auslän-dischen Zuhörer, denn er handelt auch mit Blumen und Früchten, wie Sie." "Ja," fiel mir der ironische Jerom ins Wort, "nur mit dem Unterschied, daß die sei-nigen Sprößlinge einer verdorbe-nen Einbildungskraft und in den österreichischen und andern erba-ren Staaten Conterband und ver-boten sind." Das unschuldige Landmädchen stutzte und ich war höchst ungehalten auf den Schwä-

ßer, der jedoch auf das artigſte
wieder einlenkte. „So ſprechen
wenigſtens,“ lächelte er, „ge-
ſchworne Fiskale — verunglückte
Spediteurs verlegener und im
Preiß gefallener Spezereien —
Krämer, Höken und Aufkäufer,
die gern den Alleinhandel auf dem
Markte mit geſchmackloſem Confect
und dürrem Obſte forttrieben und
ſcheelſüchtig ihren alten Kunden
nachblicken, wenn ſie ihren prah-
lenden Magazinen vorbey, der
natürlichen Gottesgabe zuſtrömen,
die der junge Herr ſich nicht einmal die Mühe giebt, etwan durch
bezahlte Zettelträger auszurufen

Aa 5

und anzupreiſen, um ihnen Abgang zu verſchaffen."

Ich wußte nicht recht, wie
ich mit dem Redner dran war.
Er traf zwar meine Gedanken ſo
ziemlich, aber ich ſtehe doch nicht
davor, ob ſeiner fein gedrehten
Erläuterung nicht eine neue Spöt-
terei unterlag. Die kleine aller-
liebſte Actrice nahm jetzt eine ganz
andere — recht maleriſche Stel-
lung an. Nach der Bewegung
ihrer niedlichen Hände gegen die
Strohkörbchen voll Erdbeeren,
Schoten und frühzeitigen Pfirſi-
chen — nach der Wendung ihrer
beſcheidenen Augen gegen die chi-
neſiſchen Vaſen mit Roſen und

Hyacinthen — und nach andern
kleinen erlaubten Kunstgriffen zu
urtheilen, schien sie sich einen
Schwarm Marktleute vorzustellen,
von denen die meisten aus Leckerey,
einige aus Neugier, die wenigsten
aus eigentlichem Bedürfniß die
Bude umringten. Aus ihrem
Mienenspiel ließ sich ohne Schwierigkeit errathen, daß sie die einen
beizulocken, die andern zu entfer-
nen, und wenn neidische Auf-
passer darunter wären, ihnen im
Vorbeigehen einen Kirschkern auf
die Nase zu schnellen, im Sinn
hatte.

Holländische Volkslieder sind
nicht leicht ins Deutsche zu über-

tragen, doch bin ich nach Mög-
lichkeit der jungen Blumen = Verkäuferin auf ihrem poetischen Ausflug so treu nachgeschwebt, als
ich es auf ihrem prosaischen Lebensgang thun würde, wenn es nur
meine Zeit und Agathe erlaubten.
Ich theile Dir, lieber Eduard,
von dem Erguß ihres freispielen-
den Geistes so viel mit, als meine
schwere deutsche Bleifeder nur auf-
fassen konnte. Hätte sie aber auch
keinen Tropfen unterweges ver-
schüttet, so würden dem schönen
Ganzen doch immer noch die
Apostrophen ihrer Augen, ihre
sonorische Stimme und die redne-
rischen Uebergänge ihres belebten

Busens fehlen, um auf andere
Ohren denselben Eindruck zu machen, als auf die meinigen.
O daß doch in meinem Vaterlande eine gewisse gleich liebens-
würdige Emilie, die, obgleich des
erhabenen Ossians Freundin, doch
auch in Etwas die meine ist, es
in einer warmen Sommerstunde
versuchen möchte, meine Orangen
und Amathus = Aepfel auszurufen.
Ich wette auf Leib und Leben, sie
fänden in allen Häusern Eingang
und Käufer unter dieser Bedingung.

Unbefangen, wie ein gutes Kind,
lächelte die kleine Holländerin,
hüstelte ein wenig und stimmte an:

Behagten Euch nur solche Waaren,
Wie sie, gestempelt und verzollt,
Minervens Polterkarn von Jahren
Zu Jahren auf die Märkte rollt;

So, Freunde schlüpftet Ihr vergebens
In meine Bude. Ein Gericht
Zur Stärkung auf den Gang des
Lebens
Ist höchstens, was sie Euch verspricht.

Ich hab auf meinen Rasentischen
Nur Näschereien ausgelegt,
Die mir, den Wandrer zu erfrischen,
Mein Gärtchen leicht zusammen trägt.

Ist gleich mein Blumenkranz kein
Zeichen
Für eine Modehändlerin,

So lockt er doch, denn bei ihm streichen
Der Fahrweg und der Fußsteig hin.

Auch graut der Morgen kaum, so halten,
Wie Wetter, Wind und Zufall will,
Oft unerwartete Gestalten
An meiner Tonnen = Nische still.

Wie viele nähern meinem Zaune
Sich nicht um eine Hand voll Schleen,
Wenn Bücher = Ueberdruß und Laune
Mit ihrem Geist ins Grüne gehn.

Den Richter, der mit krauser Stirne
Zu einer Ehescheidung trabt,
Hat manchmal eine Jungferbirne
Aus meinem Weidenkorb gelabt.

Aa 3

Aus meinem thönernen Pokale
Berauschte jüngst ein Priester sich,
Als er nach seinem Filiale,
Mit Schweiß beträpft, vorüber schlich.

Dem Mädchen, das, vom Stadtgewürze
Erhitzt, aufs Land nach Kühlung läuft,
Hab' ich, zu Pfundenweis, die Schürze
Mit Mirabellen angehäuft.

Bald sind ich eine Federspule,
Bald eine Musterschrift im Gras,
Die ein Entlaufener der Schule
Im Morgenschmauß bei mir vergaß.

So oft sich meine Körbchen leeren,
Rück' ich mit neu gefüllten vor,
Mein Contobuch? — — kann ich
       beschwören
So gut, als Rousseau seins beschwor.

Um

Um vieles zwar ſäß ich bequemer,
Wohl gar am Rathhaus unter Dach,
Ahmt' ich dem Proteus unſrer Krämer
In ſeinen Handelskünſten nach;

Der bald mit Perlen ferner Flüſſe,
Mit Gold aus Ophir Wucher treibt,
Sein Salz und ſeine tauben Nüſſe
Nur aus Elyſium verſchreibt;

Bald Engelsreinigkeit den Narben
Gefallner Unſchuld unterſchiebt,
Glanz dem Betrug und Roſenfarben
Verblühten Wangen wiedergiebt;

Bald auf dem Wollen = Raub der
Heerde,
Die ihn umblöket, eingewiegt
Im Traum die mütterliche Erde
Bis an den Himmel überfliegt,

Und wohl noch wähnt, vom nächsten
Sterne
Herabgeschneuzt und fortgeschnellt,
Er sey die größte Blendlaterne,
Die je das Weltall aufgehellt.

Doch, was ein Irrwisch aufgekläret,
Bleicht bald am Lichte der Natur;
Was sie erzeugt, ist nur bewähret,
Was sie bewährt, erhält sich nur.

Ich will Dir nicht zumuthen,
Eduard, diese Verse für so geist-
und gedankenreich zu halten, als
die Schillerischen und Vossischen
sind, muß aber auch billig einge-
stehen, daß es weniger die Schuld
des Originals, als der Uebersе-

zung ist. Troß seines verwisch=
ten Colorits denke ich doch, soll
es als Impromtu eines jungen
holländischen Landmädchens immer
noch die Ehre des Drucks so gut
verdienen, als so manches in un=
sern poetischen Wäldern.

Ich bin mit Jeromen völlig
einverstanden, daß, wenn auch
unter der Torfasche dieses Moor=
landes hier und da ein Funken
dichterischen Feuers glimmen sollte,
zu selten doch einer davon in
Flammen schlägt, um daß nicht
die ihrige für ein Meteor gelten
müsse; und kann ich es keinem
ihrer Mitbürger verdenken, der
im Vorbeigehen sich einige Minu=

ten von seinen Geschäften abmü-
ßigt, bei ihr einspricht, um nur
wundershalber zu sehen, wie sich
ein roher gemeiner Gedanke po-
liren läßt. Wer wollte der kleinen Poetin nicht gern ihre Gar-
tengewächse zehnfach theurer bezah-
len, als einer prosaischen Hökin,
zumal da jeder ohne große Specu-
lation berechnen kann, daß sie
durch diesen Handel, dem, so
gering er scheint, doch auch kein
drückender Capital unterliegt, als
das ihr Flora und Pomona vor-
strecken, und Clio verzinßt, schnurgerade der wahren holländischen
Ehre entgegen steigt, reich —
eine, wie man es nennt, gute

Partie, und zuletzt wohl gar
eine bedeutende Person in der
Republik zu werden. Läßt sich's
denn nicht erwarten, daß ein jun-
ger speculativer Kopf auf dem
romantischen, immer offenen Gang
nach ihrem Comtor, gelegentlich
auf den klugen Gedanken gerathen
könne, die schöne Sängerin sammt
ihrem jungfräulichen Erwerb in das
seine zu verlocken? Er widme,
wäre in diesem Falle mein unmaß-
geblicher Rath, nur sechs — sieben Abendstunden der Woche zur
Erholung nach gethaner Arbeit
ihrem Besuche, lege zur Einlei-
tung seines Kaufgeschäfts Ihrer
Muse erst eine unbedeutende laue,

dann eine wärmere, darauf eine heißere und zuletzt täglich eine immer brennendere Empfindung nach der andern, ohne die entfernteste Hindeutung auf Sie, bloß zum Spielwerk Ihrer dichterischen Ausbildung vor, und finde keine hinwelkende Blume, die seine Vorgänger am Tage übrig ließen, am Abend zu theuer, um sie nicht zu ihrem Andenken nach Hause zu tragen. Das gute Kind, das nichts gefährlicheres dahinter versteckt glaubt, als woran es, seitdem sie zwei Worte zusammen reimen kann, gewöhnt ist, wird es, wie eine gereizte Nachtigall, immer schöner zu ma-

chen suchen und macht es immer
schöner, bis sich ihre Federn
sträuben und ihr das Herzchen
darüber selbst zu pochen anfängt.
Ach ich müßte mich sehr irren,
wenn die sanfte, unmerkliche Ver-
schmelzung stündlich höher steigen-
der männlicher Baßnoten mit me-
lodischem weiblichen Diskant, nicht
zuletzt auf der Tonleiter des Lebens
einen Einklang hervorbrächte, der
nur einer mondhellen Nacht bedarf, um in das beredte Flüstern
des Verlobungskusses überzugehen.
Alsdann? Nun mein Gott, wäre
es alsdann wohl so etwas uner-
hörtes, wenn in der Folge der
merkantilische Umtrieb der einzelnen

Groschen und Thaler, die sie ohne
große Mühe und Kosten ersang,
ihre Stroh - Körbchen, irdenen
Aesche und Vasen in Tonnen
Goldes verwandelte, die freilich
einen ganz andern Respect einflö=
ßen, als alles, was sie uns der=
malen noch aus dem Gebiete der
Natur Schönes und Gutes auf=
tischt. Welche frohe Zukunft kann
sich diese holländische Karschin
nicht versprechen! wenn sie einst
nicht mehr nöthig hat, an der
Landstraße auf neugierige Käufer
zu lauern — ihnen Rede zu stehen
und jeden schalen Gedanken, den
sie auskramen, in Verse umzuse=
tzen, die, ihre heutigen ausge=

nommen, noch nie eine Drucker=
preſſe erreicht haben. Dann erſt
wird ſie ſich fühlen und gebieten
lernen — ihren eigenen guten
Einfällen folgen und, indem ſie
mit heiterer Laune den glücklichen
Erdſtrich ſegnet, der den Keim
ihres Talents als eine Wunder=
pflanze in Nahrung ſetzte, mit
mitleidigem Lächeln auf unſere
deutſchen Witzkrämer und ihre
Ladenhüter herabſehen. Sogar
auf der Börſe, wo Apoll und
ſeine Anhänger ſonſt wenig Cre=
dit haben, werden die vielen Nie=
ten, die zum großen Looſe ihres
Heirathsguts beitrugen, den jun=
gen Anfänger beneiden, dem es

zufiel. Und doch, Eduard, würde
mir das liebe Kind in der vor=
nehmen Lage, in der ich zur Zeit
noch keine der Musen sah, trotz
der vollen Beutel, die Merkur
ihr in den Schooß schüttet, schwer=
lich besser gefallen, als jetzt mit
fliegendem Haar, ländlichem Mie=
der unter ihren Blumen und
Früchten. Ich wählte mir aus
jenen ein freundliches Rosen=
knöspchen, der Aehnlichkeit ihrer
Lippen, und ein Noli me tangere,
der Unschuld wegen, die darauf
ruhte, aus diesen aber ein paar
tetons de Venus, die Line'e unter
allen Pfirsichen für die schmack=
haftesten hält. Höher sind mir

aber auch in meinem lüsternen Leben
keine zu stehen gekommen. Die
liebe unbefangene Verkäuferin errö-
thete selbst über meine unmäßige
Freigebigkeit und Jerom schüttelte
den Kopf dazu. O hätten nur beide
gewußt, woher sie entsprang. Sie
hatte solche, im Vertrauen gesagt,
weder dem Vorüberflug ihrer funkelnden Augen, noch den gleich
vergänglichen Tönen ihres Mun-
des, — sondern den Lorbeerblät-
tern zu verdanken, die ich in meiner Schreibtafel aus ihrem Glas-
hause mitnahm, um das Monument meiner Jugendreise damit zu
krönen. Ja, Eduard, der anspruchlose Waldgesang der liebens-

würdigen Emilie beschließe mein Tagebuch. Hört man nicht alle möglichen Epiloge am liebsten aus dem Munde eines schönen unschuldigen Kindes, und kann man ein Concert wohl artiger endigen, als mit einer unverdorbenen weiblichen Singstimme?

Wohl wahr! und doch ist es dem menschlichen Herzen eigen, daß keins, je behaglicher es auf dem Musikstrom fortschwimmt, ohne Unruhe an den letzten Bogenstrich, der ihn dämmt — ohne Verdruß an die sterbende Note denken kann, unter der sich ein sanftes Andante auflöset. Der

wahre Virtuose fürchtet, wie
seine lauschenden Zuhörer, im voraus die Todenstille des Saals,
die nachfolgt, und so sah auch
ich im Vorgefühl meines baldigen
Verstummens dem lieben epilo=
girenden Kinde mit traurigem
Nachdenken in das niedliche Ge=
sicht; Jerom mußte mich mehr als
einmal an das Fortgehen erinnern,
und doch zögerte ich, bis das
Glöckchen = Geläute der letzten ab=
gehenden Treckschüte mir durch alle
Glieder fuhr, und als ich nun in
überströmender Zärtlichkeit dem
guten Mädchen noch einmal meine
Hand bot, ward mir so weiner-
lich zu Muthe, als ob ich von

ihrem ganzen lieblichen Geschlecht,
sammt den neun Musen ewigen
Abschied nähme. So lange ich
auf der Rückfahrt das schmucke
Tempelchen noch in der Abendsonne blinken sah, war es mir
nicht möglich, meine Augen nach
einer andern Seite, — meine
Fantasie auf einen geringern Gegenstand, als auf die Nymphe zu
richten, die es bewohnte. Ich
schrieb ihrer Jugend, Schönheit,
Unschuld und ihrem poetischen
Talente so viele Festtage zu Gute,
daß ich bis ans Leydener Thor
nichts zu thun hatte, als Sie,
wie ein Mönch das Bild seiner
Heiligen, aus - und anzukleiden,

und mich vor ihrer Nische auf
die Knie zu werfen. Ich erbat
ihr allen Segen des Himmels
zu ihrem jungfräulichen Gewerbe,
das doch gewiß, man sage auch,
was man will, ohne Vergleich-
edler, erlaubter und schmeichelhaf-
ter für ihre Kunden ist, als jenes,
das ehemals die Harlemer Wir-
thin zum schwarzen Bock, und
was sie etwan sonst noch, um
Gäste beizulocken, im Schilde
führte, auf eine Art trieb, die
der lieben kleinen und, auf allen
Seiten betrachtet, gewiß zehnmal
reitzendern Emilie nicht im Schlaf
einfallen würde. Das soll aber
auch das letzte Wort für Dich

und meine zukünftigen Leser seyn.
Morgen mit dem frühesten verlasse ich meinen Jugend = und
Schulfreund, den würdigen Jerom.
Er begleitete mich gern eine
Strecke Weges, aber seine Kranken halten ihn bei dem Aermel.
In einigen Tagen hoffe ich —
ach welcher freudenvolle Gedanke,
Eduard! Dich an mein Herz zu
drücken. Denn da mich die himm-
lischen Gestirne während meiner
Seereise um den Tag, auf dem
ich zur Hochzeit des Märkischen
Barons geladen war, eben so
richtig gebracht haben, als sich
durch ihren Einfluß der Weltum-
segler Anson bei seiner Landung
an

an der vaterländischen Küste, zu seiner großen Verwunderung, um einen in der laufenden Woche verkürzt sah; so kann mich nichts mehr, weder das Calenderfest jenes schätzbaren Mannes, noch sonst ein Abweg auf meinem geraden Flug in Deine Arme aufhalten.

Mein Glückwunsch zu der schlau verzögerten Besitznahme seiner Caroline soll das erste Geschäft an meinem Schreibtisch zu Berlin seyn, übrigens mögen immer noch Jahr und Tage hingehen, ehe ich meinen versprochenen Besuch bei ihm nachhole, da sich indeß auch wohl sein System

C c

vom ehelichen Glück mehr aufge-
klärt haben wird, um es ruhiger
und richtiger beurtheilen zu können,
als in den ersten Probetagen. Es
soll mir lieb seyn, wenn sein schönes Weib, ein saugendes Kind an
der Brust, das durch den Auf-
schub seines Daseyns während dem
Herumstreifen des Vaters nichts
verloren hat — wenn sein mit
den kostbarsten Bruchstücken des
Alterthums und der neuern Er-
findungen der Bequemlichkeit zu-
sammengesetzter ländlicher Pallast, glänzende Säle, die den
Geist aller Nationen vereinigen—
Wände mit den Meisterwerken der
Titiane und Raphaele verziert —

wenn täglich erneuerte Wunder
der Kochkunst, fröhliche Gärten
und im Ganzen genommen die
Benutzung der freigebigen Natur
zur Veredlung menschlicher Bedürfnisse — wenn, sage ich, diese Be-
dingungen schwesterlich vereint in
einander greifen, um die sonder-
bare Propheten-Epistel des wirth-
schaftlichen Landjunkers auf das
kräftigste zu widerlegen. Warf
dieser Eiferer gegen die Wohltha-
ten des guten Geschmacks seinem
reisenden Feldnachbar wohl aus
einer wichtigern Ursache jene Spitz-
findigkeiten in den Weg, als weil
solcher nach einer andern Rechnung ein Drittheil seines Lebens

verwendete, um deſſen Ueberreſt
mit den möglichſten Annehmlich-
keiten zu verſchönern, die unſer
Planet darbietet? Darf aber auch
die fleißigſte Ameiſe den Adler,
der über ihr in die Wolken ſteigt,
tadeln, daß nicht auch er auf dem
Erdhaufen, der ihrer Zufriedenheit gnügt, die ſeinige ſucht? Du
findeſt irgendwo in meinem Tagebuche den Eingang ſeines Pam-
phlets und die Fortſetzung bringe
ich Dir auch mit. O ich werde
mich gern, ohne mich an ſein
Geſchwätz zu kehren, dem Verſuche hingeben, ob man nicht auf
dem geſchmackvollen Landſitze eines
unter ſo verſtändigen Rückſichten

gereißten Freundes den Lauf der
Stunden besser als im Auslande
erheitern, das Glück des Schlafs
geschwinder als mit Postpferden
erreichen, und sein kaltes Blut,
so viel als zuträglich ist, in dem
Strale der dunstfreien Sonne
oder vor einem Camine erwärmen
kann, dem nichts belebteres gegen
über lauscht, als das Ideal einer
Hebe oder Clärchens Bildniß mit
seinen ach! so mannigfaltigen Er-
innerungen.

Jetzt lacht mir nun von weitem die königliche Hauptstadt und
Dein Assembleesaal unter den an-
lockendsten Versprechungen in die
Augen. Sie werden eine Weile

Cc 3

Wort halten, aber in der Länge traue ich ihnen doch nicht. Was soll ich nun, in dem gesetzten Fall, mit mir anfangen, wenn Ueberdruß an dem ewigen Zirkel- schlag Eurer Gesellschaften und Schmäuse, Langeweile an den Spieltischen und Mißmuth über den unnützen Vergang meiner bessern Kräfte sich aufs neue meiner Seele bemeistern? Zur Wiederholung der Thorheit, die mir zehn Bände böser Erfahrun- gen eintrug, ist mir auf immer die Lust vergangen, und auf meine Studierstube darf ich vollends nicht rechnen, denn das unbelohnte Be- brüten fremder Gukguks - Eyer ist mir zum Ekel geworden, viele andere Irrthümer ungerechnet, die mich gar sehr gewißigt haben.

Der Freuden der Welt, sagt man zwar, gäbe es viele, aber wo ist denn eine, die nicht durch den täglichen Gebrauch uns unter den Händen verwelkte? und wo findet man immer einen Freund, wie St. Sauveur, der uns damit auf eine so systematische Art zu überraschen versteht, daß sie uns neuen Genuß gewähren? Was bleibt nun, da zu selten zwey gleichgestimmte Menschen auf ihrem Gange zusammentreffen, die hierin einander die Hände zu bieten Willen und Kraft haben, noch

Cc 4

übrig, als daß jeder selbst die Mühe übernehme, auf Abwechselung seiner Kinderspiele zu denken, so gewiß auch dabey die Hälfte jenes bemächtigenden Reitzes verloren geht. Wohlan! So zeichne denn sie mir den Plan meiner künftigen Lebens = Ordnung vor, zu dem ich mir nur noch Agathens Unterschrift wünsche.

Weder an einen Ort, an ein Amt, noch an Pflichten gebunden, die ich mir nicht selbst als Weltbürger auflege, soll mir der Spielraum des Vaterlandes, wo nicht zum Schauplatz meiner merkwürdigen Thaten — doch zu einem Spaziergang dienen, auf dem ich

bald hie bald da eine Handvoll
Saamenkörner edler wohlthätiger
Gefühlpflanzen ausstreue, sollten
sie auch dann erst keimen und ge-
deihen, wenn ich schon längst in
seiner heiligen Erde, unter dunkeln Ahndungen und unaufhörli-
chem Rufen nach Licht, die letzte
Leitersprosse zum Austritt in jene
Warte seliger Zukunft gewonnen
— an ihrer hellen Pforte meinen
Staubmantel abgeworfen und nicht,
wie hier, zu befürchten habe, ein
Brandopfer der Langenweile zu
werden. Denn dort —

Wenn aufgeschwungen aus dem
Schlamme
Des Irdischen, mein freyer Geist,

Ein Lichttheil in der Schöpfungs=
flamme,
Das Unermeßliche bereist,
Mit Schwanenluſt im Aetherſtrome
Reingeiſtigen Bewußtſeyns ſchwimmt,
Von einem zu dem andern Dome
Der Sterngebäude weiter glimmt,
Im Drang, die Feder zu entdecken,
Die dieß geheime Uhrwerk dreht,
Mit immer freudigerm Erſchrecken
Zu neuen Wundern übergeht —
Dort ſey mein Tagebuch der Lehre
Abwechſelnder Zufriedenheit,
Mein Wandelgang zu jeder Sphäre
Der Ueberraſchung nur geweiht;
Denn ohne ſie wie ſchmacklos wäre,
Bey ſtetem Kreislauf, mir die Ehre
Einförmiger Unſterblichkeit!